Tempos de Turbilhão

Relatos do Golpe de 64

Darcy Ribeiro

Tempos de Turbilhão
Relatos do Golpe de 64

Organização e apresentação
Eric Nepomuceno

São Paulo
2014

© 2014, Fundação Darcy Ribeiro

1ª Edição, Global Editora, São Paulo 2014

JEFFERSON L. ALVES
Diretor Editorial

GUSTAVO HENRIQUE TUNA
Editor Assistente

ERIC NEPOMUCENO
Seleção e organização dos textos

CARLOS BARBOSA
Coordenação Editorial

FLÁVIO SAMUEL
Gerente de Produção

EDMILSON CARNEIRO
CERISE GURGEL VALENTE
Revisão

SOLANGE TREVISAN zc
Projeto Gráfico

JULIO LAPENNE
Capa

As imagens presentes neste volume pertencem ao Acervo da Fundação Darcy Ribeiro.

Todas as iniciativas foram tomadas no sentido de se estabelecer as suas autorias, o que não foi possível em todos os casos. Caso os autores se manifestem, a editora dispõe-se a creditá-los.

A Global Editora agradece à Fundação Darcy Ribeiro pela gentil cessão dos direitos de imagem de Darcy Ribeiro.

Dados Internacionais de Catalogação na Publicação (CIP)
(Câmara Brasileira do Livro, SP, Brasil)

Ribeiro, Darcy, 1922-1997.
   Tempos de turbilhão : relatos do Golpe de 64 / Darcy Ribeiro ; organização e apresentação Eric Nepomuceno. – 1. ed. –
São Paulo : Global, 2014.

   ISBN 978-85-260-2040-5

   1. Brasil – História – Revolução de 1964 2. Brasil – Política e governo – 1964 3. Golpes de Estado – Brasil 4. Goulart, João, 1918-1976 I. Nepomuceno, Eric. II. Título.

14-02004   CDD-981.05

Índices para catálogo sistemático:
1. Revolução de 64 : República : Brasil : História   981.05

Direitos Reservados

**Global Editora e
Distribuidora Ltda.**

Rua Pirapitingui, 111 - Liberdade
CEP 01508-020 – São Paulo – SP
Tel.: (11) 3277-7999 – Fax (11) 3277-8141
e-mail: global@globaleditora.com.br
www.globaleditora.com.br

Obra atualizada
conforme o
**Novo Acordo
Ortográfico da
Língua
Portuguesa**

*Colabore com a produção científica e cultural.
Proibida a reprodução total ou parcial desta obra sem a autorização do editor.*

Nº de Catálogo: **3653**

Tempos de Turbilhão

Relatos do Golpe de 64

sumário

Apresentação – *Eric Nepomuceno*	10
Guerra suja	24
Politicando	38
A mensagem das reformas	44
Reformas de base	56
A crise. O golpe. A queda	60
Exílio	86
Uruguai	94
Prisão	114
Imagens do turbilhão	120
Prisão de soldado	138
Ilha das cobras	168
Julgamento	176
Caracas	182
Chile	192
Peru	200
Terceiro exílio	206
Meu amigo Jango	214
Um discurso no Senado	228
Trinta anos depois daquele primeiro de abril	244
Bibliografia	252

apresentação

Ao longo da vida, Darcy Ribeiro foi e fez muitas coisas. Muitas. Desde que nasceu em Montes Claros, Minas Gerais, no dia 26 de outubro de 1922, até que nos deixou, no dia 17 de fevereiro de 1997, em Brasília, ele foi antropólogo, escritor, ensaísta, mas gostava mesmo era de ser chamado educador. Foi assessor do presidente Juscelino Kubitschek, trabalhou no governo de Jânio Quadros, foi reitor da Universidade de Brasília (cuja criação, aliás, devemos a ele), ministro da Educação, ministro-chefe da Casa Civil, tudo isso no governo de João Goulart.

E depois foi exilado, voltou para o Brasil, foi preso, exilou-se outra vez. Perambulou pela América Latina, ajudou a reformar universidades no Uruguai, na Venezuela, na Costa Rica, no México, foi assessor do presidente Salvador Allende no Chile, foi consultor do presidente Juan Velasco Alvarado no Peru.

Quando pôde voltar para o Brasil ajudou Leonel Brizola, que continuava no exílio, a ressuscitar o antigo PTB, e quando a ainda ditadura, moribunda mas ditadura, tomou de Brizola a sigla, ajudou-o a criar outra, o PDT, e se elegeu vice-governador do Rio de Janeiro, foi secretário de Cultura, e terminou seus dias como senador da República.

Foram, sim, muitas as coisas que Darcy fez e foi.

Entre elas, convém recordar que ele teve a dura e amarga oportunidade de ser testemunha privilegiada de toda a trama que levou ao golpe que derrubou, no dia primeiro de abril de 1964, o governo constitucional do presidente João Goulart. O Jango dos brasileiros daquela época, e dos de depois.

O mesmo presidente Jango que havia assumido, dois anos e sete meses antes, o lugar abandonado por uma figura tão bizarra e esdrúxula como importante, o então presidente Jânio Quadros.

Jango era seu vice. Jânio renunciou, e não havia outra coisa a fazer – embora alguns setores tanto da sociedade como das forças armadas achassem que sim, havia – além de respeitar o voto popular e transformar o vice em presidente.

Voltando a Darcy: quando o golpe aconteceu, ele era o chefe da Casa Civil da Presidência. Como Jango não tinha vice-presidente, chefiar a Casa Civil era, mais do que nunca, ser o coordenador do governo.

No caso específico do governo de Jango, um presidente sem vice, ser ministro-chefe da Casa Civil era ser o segundo homem mais poderoso do Poder Executivo. E esse foi o espaço ocupado por Darcy Ribeiro até o último minuto. Foi ele, aliás, ao lado do então consultor geral da República, Waldir Pires, o último a abandonar o Palácio do Planalto, quando a derrota se mostrou inevitável.

Seu último gesto foi desligar o registro geral de luz do Palácio.

Ele permaneceu em Brasília naquele primeiro de abril de 1964, quando Jango já não estava mais: havia ido até Porto Alegre, numa vã tentativa de que se respeitasse a Constituição e ele permanecesse no cargo.

Além de figura central, pelo cargo que ocupava no momento do golpe, Darcy Ribeiro era também uma das pessoas mais próximas de Jango. Até o último instante, achava que o presidente devia resistir. Tentou convencê-lo por todas as formas e com todos os argumentos. Em vão.

✦

Este livro reúne textos esparsos, escritos por Darcy ao longo dos tempos. Eles mostram sua visão do que aconteceu imediatamente antes, relatam como foram os momentos do golpe, e estendem-se depois, pelo exílio. Mostram como seus companheiros de derrota viveram seus primeiros tempos de exilados.

Em seu conjunto, são textos que conformam o depoimento de Darcy Ribeiro sobre aqueles tempos de breu. Tempos que começaram numa terça-feira, 31 de março de 1964.

Convém traçar um breve resumo do que foram os momentos de extrema tensão que começaram naquele dia.

Na noite anterior, Jango havia participado de um comício feito para suboficiais e sargentos, no Automóvel Clube do Rio de Janeiro.

Na manhã daquela terça-feira ele estava no Palácio das Laranjeiras quando recebeu um telefonema. Almino Affonso, que havia sido ministro do Trabalho e era o líder do PTB, partido de Jango, na Câmara de Deputados, tinha sido informado de que tropas se movimentavam em Minas Gerais.

Jango ligou para o chefe da Casa Militar, um general chamado Assis Brasil, e foi informado de que eram tropas em exercício militar, comandadas pelo general Olympio Mourão Filho.

Não era verdade: eram tropas que saíam de Minas rumo ao Rio, para depor o presidente constitucional.

A cidade já não era capital, mas permanecia o centro político do país. E o presidente estava lá.

O golpe estava armado, mas o general Mourão Filho – que logo depois se definiria a si mesmo, e com grande senso de justiça, como sendo "uma vaca fardada" – se antecipou, obedecendo à orientação do governador Magalhães Pinto, que achava que dessa forma assumiria a liderança civil do que estava em andamento. Pura ilusão.

A terça-feira avançava e, pegos de surpresa, outros militares golpistas tratavam rapidamente de assumir posição. Alta noite, o general Amaury Kruel, que comandava as tropas de São Paulo e Mato Grosso, aderiu ao movimento. Ele telefonou para Jango, dizendo que se o presidente se afastasse da esquerda, o apoiaria. Jango disse que o pedido era inaceitável.

No dia seguinte, primeiro de abril de 1964, o golpe enfim aconteceu e se consumou. É curioso notar, num dos textos deste livro, como havia uma confusão generalizada com relação ao que poderia acontecer – e acabou acontecendo.

Importantes setores da esquerda, em especial os que giravam ao redor de Leonel Brizola, então deputado federal pelo Rio de Janeiro, defendiam a ideia de que o governo deveria se antecipar a um golpe que estava sendo claramente armado pelas forças mais conservadoras e elitistas do país, com apoio dos Estados Unidos, e radicalizasse suas posições.

Outros setores, em especial os que giravam ao redor do Partido Comunista Brasileiro, entendiam que era justamente o governo quem estava preparando um golpe, e se ofereciam para apoiar a iniciativa – sem dizer como se daria esse apoio, e sem entender que o governo não planejava golpe algum.

E enquanto isso, a direita mais retrógrada e os mais importantes setores do empresariado e especialmente da imprensa, junto com partidos políticos conservadores, todos eles ampla e vastamente financiados pelos Estados Unidos, preparavam o verdadeiro golpe, usando, como argumento, que se trataria de um golpe preventivo contra o que estava sendo urdido pelo governo – coisa que, de fato, nunca houve.

Nesse nevoeiro confuso, Jango tentava dar suas cartadas derradeiras. Lançou o programa daquilo que na época era chamado de "reformas de base", e que, se tivessem sido efetivamente implantadas, teriam contribuído de maneira decisiva para mudar a face deste país. Seus principais pontos eram a reforma agrária, o controle sobre remessa de lucros das multinacionais, e a reforma educacional.

Nas vésperas do golpe, Jango, ao discursar para suboficiais e sargentos, foi – ou tentou ser – enfático. Disse ele: "Não admitirei o golpe dos reacionários. O golpe que nós desejamos é o golpe das reformas de base, tão necessárias ao nosso país. Não queremos o Congresso fechado. Queremos apenas que os congressistas sejam sensíveis às mínimas reivindicações populares".

Pois nem uma coisa, nem outra. Naquela altura, o chefe do Estado Maior das Forças Armadas, o general Humberto Castello Branco, e vários governadores civis, a começar pelos de Minas Gerais, Magalhães Pinto, e do então Estado da Guanabara, o nefasto Carlos Lacerda, conspiravam a todo vapor.

Aliás, foi na hora do discurso de Jango no Rio de Janeiro que o general Mourão Filho resolveu se rebelar e mandar às favas o combinado com quem de verdade comandava o golpe. Saiu rumo ao Rio de Janeiro com suas tropas de recrutas de primeira viagem na manhã do dia seguinte. Só avisou aos outros golpistas quando já estava a caminho.

No campo da política, a situação de Jango era igualmente frágil. Não contava com aliados de peso. Tinha o Partido Comunista Brasileiro, mas ter isso e não ter nada era praticamente a mesma coisa. Todos os partidos conservadores, capitaneados pela UDN, estavam ávidos por um golpe que liquidasse o governo de Jango e abrisse espaço para que eles, rechaçados nas urnas, alcançassem enfim o poder.

Nesse quadro de turbulências e incertezas crescentes, o presidente João Goulart, o Jango dos brasileiros, acreditava que poderia contar, numa eventualidade, com o apoio de uma espécie de dispositivo militar nacionalista e respeitoso da Constituição. Ledo engano. Tremendo engano.

Tudo isso – a tentativa angustiada de Jango ir até Brasília primeiro, e Porto Alegre depois, na esperança de encontrar apoio para preservar seu governo – foi vivido de perto, e por dentro, por Darcy Ribeiro.

O golpe civil militar de 1964 não teve um enfrentamento, não disparou um único, um mísero tiro. Não houve resistência alguma. Enquanto Mourão Filho zanzava rumo ao Rio de Janeiro, num apartamento de Copacabana o verdadeiro comandante daquilo tudo, o general Humberto de Alencar Castello Branco, posicionava as peças daquele xadrez macabro num tabuleiro que ninguém via.

Lá pelas onze da noite do dia 31 de março de 1964, uma terça-feira aziaga, Jango entendeu, em Brasília, que lá não encontraria apoio algum. Embarcou para Porto Alegre, na tentativa de reeditar, com Brizola, o movimento de resistência que, nascido na cidade três anos antes, havia conseguido impor o que dizia a Constituição, ou seja, dar a Jango a posse após a renúncia do presidente Jânio Quadros. Achava que ainda seria possível lançar uma nova Campanha da Legalidade. Tarde demais.

Naquela altura, em Brasília, o que havia era um imenso vazio de poder. Com a precisão dos cronômetros suíços, o avião presidencial pousava em Porto Alegre quando, na capital federal, havia um corre-corre, naquele primeiro de abril, uma euforia incontida de um lado, e uma preocupação profunda do outro lado do leque político do Congresso. Ninguém sabia ao certo o que estava acontecendo e muito menos o que poderia vir a acontecer.

O golpe, em todo caso, tinha sido vitorioso. E era preciso dar uma pincelada de verniz naquele cenário conturbado, nomeando um novo presidente. Foi quando entraram em ação os parlamentares decididos a apoiar incondicional e urgentemente a quartelada. E, na madrugada do dia dois de abril de 1964, foi convocada, às pressas e de maneira irregular, uma sessão extraordinária do Congresso.

Claro que era um ato ilegal. A Constituição declarava que o cargo de presidente estaria vago somente no caso de o mandatário ter abandonado o território nacional, e Jango estava em Porto Alegre.

Mas o presidente do Congresso, o paulista Auro de Moura Andrade, não titubeou na hora de afirmar, solene, que o presidente da República estava em lugar "incerto e não sabido". Era mentira, e ele sabia.

Havia um ofício do ministro-chefe da Casa Civil, Darcy Ribeiro, dirigido ao Congresso informando que, naquele momento, Jango estava em Porto Alegre, mais precisamente na residência oficial do comandante do III Exército, um general legalista chamado Ladário Telles. E que com ele estava o deputado Leonel Brizola, entre outros políticos.

Vários parlamentares se insurgiram contra o ato de Moura Andrade. O deputado Tancredo Neves foi um deles. Não adiantou nada: a farsa estava bem programada, e Moura Andrade, com toda calma, declarou vaga a presidência e nomeou o presidente da Câmara dos Deputados, Ranieri Mazzilli, para ocupá-la interinamente.

Dias depois, uma Junta Militar assumiu o poder. Foi o resultado de uma série de ilegalidades e violações não apenas à Constituição, mas ao próprio regimento interno do Congresso Nacional. Tudo foi feito para dar uma tintura de legalidade ao golpe armado pelos civis e executado pelos militares.

Naquela hora, Darcy Ribeiro estava em seu gabinete de ministro-chefe da Casa Civil, no Palácio do Planalto. Havia tentado de tudo. Chegou a oferecer armas ao Partido Comunista Brasileiro, para que mobilizasse uma resistência que partiria de sindicatos e movimentos sociais aliados. Fez isso à revelia de Jango. Foi o gesto do desespero final.

Tinha 43 anos. Faltavam seis meses para completar 44. Era, ao menos em teoria, o segundo homem mais poderoso do Poder Executivo. E constatou na carne que não tinha, na verdade, poder algum. Que tudo que restava a ele era fincar os dentes na massa amarga da derrota e ir em frente.

Já no dia anterior, quarta-feira, primeiro de abril de 1964, o golpe estava consumado. Pela televisão, no Rio de Janeiro, o então governador da Guanabara, Carlos Lacerda, explodia em lágrimas de gratidão: "Obrigado, meu Deus, obrigado".

Tinha razões de sobra para agradecer. Afinal, fazia pelo menos dez anos que ele conspirava, de todas as formas e por todos os meios, para derrubar todo e qualquer governo, na esperança de um dia chegar ao poder. Não percebeu nada, não entendeu nada. Nunca. E o país pagou por essa sua obstinação durante décadas.

Claro que ele não foi o único. Foi apenas o mais estridente, o mais altissonante. O mais caricato, talvez, de todos os golpistas em plantão permanente.

Passados cinquenta anos, é interessante – e importante – rever as observações e conhecer o relato de Darcy Ribeiro.

Havia uma espécie de fé ingênua, uma espécie de inocência na maneira com que Darcy achava que seria possível resistir à quartelada. Ele certamente não sabia que, naquela mesma hora, havia uma força naval dos Estados Unidos ao largo da costa sudeste brasileira, pronta para entrar em ação caso houvesse resistência e o golpe fracassasse. Teria sido um desastre de proporções inimagináveis.

Da mesma forma, há uma espécie de inocência ao achar que poderia diminuir o impacto do movimento armado pela grande imprensa – houve um único jornal, o *Última hora*, que defendeu o governo e a Constituição: todos os outros, sem nenhuma exceção, alguns dos quais continuam circulando, foram claramente golpistas – com o apoio da Igreja e vastamente financiado por Washington. Darcy achou que ao transmitir pela televisão uma missa rezada pelo padre norte-americano (na verdade, era irlandês) Patrick Peyton diminuiria o impacto da tal "Marcha da Família com Deus e pela Liberdade".

Ora: a viagem do padre midiático havia sido organizada pela CIA no final de 1962, e fazia parte da trama do golpe que derrubaria Jango. Peyton dizia que sua missão era promover, na América do Sul e no mundo, a adoração e o culto à Virgem Maria. Qual o quê: suas ações eram bancadas por empresários norte-americanos com fortes interesses na região, e suas viagens eram organizadas com apoio estratégico da CIA. Uma de suas missas no Rio juntou um milhão e meio de pessoas. Era impossível competir com o aparato propagandístico e com o poderio econômico que existia por trás do tal padre.

É preciso, além do mais, tratar de entender que eram outros tempos, com a informação circulando de maneira muito mais lenta – um tempo sem internet, sem computadores, sem telefones celulares. E que poucas, pouquíssimas vezes na história brasileira um governo constitucional foi tão sabotado pelos meios de comunicação, pelo empresariado, pelos grandes proprietários rurais.

E é preciso destacar que, se havia algo de ingenuidade e voluntarismo tanto nas atitudes de Darcy como nas de todos aqueles que estavam ao lado de Jango, muito mais havia de plena consciência do que poderia acontecer não com eles, mas com o país, se os golpistas triunfassem. Se os movimentos prévios ao golpe prosperassem. Se as forças mais retrógradas do país se apoderassem do poder, com os militares abrindo caminho e varrendo salões para sua grande festa.

Foi exatamente o que aconteceu. Consumado o golpe, com Jango, Brizola, Darcy e dezenas de outros dirigentes políticos buscando o exílio, começou uma repressão brutal. E as primeiras vítimas, é bom que se recorde, não foram políticos ou líderes de partidos: foram os próprios militares que tentaram se opor aos seus colegas golpistas. E as segundas vítimas foram dirigentes sindicais e líderes de camponeses que reivindicavam terras.

Depois, veio o resto – esse imenso resto que durou 21 longos anos.

Mais do que oportuno, é importante, de uma enorme importância, conhecer o relato de Darcy Ribeiro, figura central daqueles acontecimentos. E recordar que, da mesma forma que amargou a derrota, ele soube se reinventar para continuar, até o fim, lutando com a ferocidade dos peregrinos para tentar reinventar o Brasil.

Darcy Ribeiro deixou a todos nós um legado de feitos e realizações. Mas deixou, sobretudo, um legado de sonhos e esperanças, um exemplo de fé no futuro e de indignação com o presente. O legado de quem sempre quis mais e mais para esta terra, esta gente, este continente, esta vida.

Eric Nepomuceno

guerra suja

Nos anos do governo Jango travava-se no mundo a Guerra Fria, mais quente e mortal que qualquer outra. Nela se engalfinhavam, no plano nuclear, os Estados Unidos e a União Soviética, ameaçando desencadear a guerra-do-fim-do-mundo. Num plano complementar, os norte-americanos faziam uma limpeza de sua área de influência, cujos objetivos eram liquidar Cuba socialista, impedir que sua experiência se reproduzisse, ou que alcançassem o poder governos não totalmente servis a seu mando.

Nesse enquadramento é que se dá a guerra suja contra o Brasil, em que os Estados Unidos intervieram na vida interna do país, desrespeitando nossa autonomia. Para isso investiram fortunas imensas, mobilizaram tropas e promoveram o mais escandaloso suborno de governos estaduais, de parlamentares e de militares.

Batalha essencial foi o enfrentamento de Jango com o presidente Kennedy, que fez tudo para forçar o Brasil a aliar-se com os Estados Unidos no bloqueio e no assalto a Cuba.

A correspondência entre os dois presidentes sobre essa matéria é antológica, como forma de pressão, por um lado, e resistência e altivez, do outro. Kennedy escreve em linguagem grandiloquente, dizendo que se tratava de salvar a humanidade da hecatombe nuclear e de defender as Américas para os americanos, não admitindo que potências externas aqui se intrometessem.

Vejamos o texto de Kennedy:

✦

[...] Encaramos a necessidade e a oportunidade, neste hemisfério, de determinar, pela nossa ação conjunta nos próximos dias, o que pode ser todo o futuro da humanidade sobre esta Terra. [...] Senão a União Soviética encaminhar-se-á a violações sempre mais flagrantes das exigências da paz internacional e da liberdade, até chegarmos ao momento em que não teremos outra escolha do que a rendição completa ou o desencadear de um holocausto nuclear [...].

✦

Tudo isso para contar com o apoio do Brasil no desarmamento nuclear de Cuba – com o que Jango estava de acordo – e na desastrosa invasão da ilha que se seguiu, a que o presidente João Goulart se opôs tenazmente em todas as esferas em que o tema foi proposto. Acreditava que, ajudado por Hermes Lima e seus diplomatas, resolveria o problema que só vinha se agravando com a política agressiva e guerreira de Kennedy.

A posição norte-americana era irredutível. Seu plano, que executou, era impor a Cuba um cerco econômico através do bloqueio naval que já dura mais de trinta anos e está se agravando agora, com novas sanções legais contra as quais todo o mundo se rebela.

O segundo propósito foi invadir Cuba, o que também fizeram e foi o maior fiasco.

Kennedy reclamava com toda a eloquência o apoio do Brasil para essa política. O fez inclusive numa longuíssima carta em que pedia a adesão em tom imperial.

✦

[...] Devemos tomar posição hoje. O mundo inteiro nos está olhando. Assuntos sobre os quais nós no hemisfério possamos ter desacertos marginais, como também divergências políticas entre os nossos povos, tornam-se insignificantes diante dessa ameaça à paz. Espero que nessas circunstâncias V. Exa. sentirá que o seu país deseja unir-se ao nosso, expressando os seus sentimentos ultrajados frente a esse comportamento cubano e soviético, e que V. Exa. achará por bem expressar publicamente os sentimentos do seu povo.

✦

O componente internacional que podia levar a uma guerra nuclear foi resolvido por Khrushchev, que retirou suas bombas mediante o compromisso norte-americano de não intervir em Cuba. Nem exigiu que os States retirassem seus foguetes da Turquia. Fidel Castro espumava de ódio: "Se era para tirar, que não tivessem posto".

Seguiram-se a esses episódios uma guerra sem quartel, em que os norte-americanos procuraram levar o Brasil à bancarrota, para subjugá-lo pelo poderio econômico. Mas, sobretudo, ações conspirativas de uma ferocidade sem paralelo.

Em seu comando puseram o coronel Vernon Walters, dirigente da CIA, que atuava aqui tendo como principais aliados os seis ministros de Jânio Quadros, frustrados porque não conseguiram impedir a posse de Jango. Eles eram os intermediários entre a CIA, que fornecia orientação e verbas, e os governadores de Minas, de São Paulo e da Guanabara, eleitos na torrente eleitoral desencadeada pela candidatura de Jânio Quadros.

Não se tratava apenas de conspiração verbal, mas da organização de núcleos de resistência armada e de bandos de voluntários, de marginais e até de corpos de *marines*, cuidadosamente adestrados e armados para atos de terrorismo e para comandar a resistência, caso se desencadeasse a guerra civil. Esta era tida como certa, porque eles estavam determinados a dar o golpe e contavam como fatal a resistência de Jango, que dispunha de poderosas bases de apoio.

Conforme estatísticas levantadas pelo Itamaraty, 4.968 agentes norte-americanos entraram no Brasil disfarçados de sacerdotes, comerciantes e turistas entre 1962 e 1964. A eles se juntaram cerca de 3 mil que já aqui estavam, para formar um corpo de "boinas verdes", concentrado principalmente no Nordeste.

Sua presença era tão escandalosa que Francisco Julião disse que o Nordeste estava sendo infestado por uma praga maldita: "Pois não estão aqui como amigos, mas como inimigos".

Prevendo um levante no Nordeste, em razão da tenebrosa condição de vida imposta a seu povo, tinham pronta e armada uma contrarrevolução preventiva.

Além desse exército secreto, organizaram e treinaram dezenas de grupos de guerrilha urbana e rural, providos com as armas mais modernas, contrabandeadas do Paraguai por Adhemar de Barros, introduzidas por aviões civis e militares norte-americanos, com a desculpa de que armavam as polícias estaduais. A maior dessas cargas foi desembarcada por um submarino na costa nordestina e tinha desde bazucas até metralhadoras de guerra, além de todo tipo de bombas.

Enquanto a imprensa denunciava falsos preparativos de guerra do governo Jango para fechar o Congresso e impor uma ditadura pró-comunista, quem efetivamente se armava era a direita.

Cada latifundiário brasileiro e cada grande empresário norte-americano foram pressionados para organizar seus próprios corpos de combatentes, eficientemente armados pelos agentes da CIA. Eles cresceram sobretudo em Alagoas, estado da riqueza mais próspera e da pobreza mais pobre.

A estratégia golpista de que tínhamos notícia era desencadear a sublevação da Guanabara, de São Paulo e de Minas contra o governo central, criando um estado de guerra debaixo da garantia obtida por Afonso Arinos – nomeado chanceler de Minas – de que os Estados Unidos reconheceriam como nação qualquer estado sublevado, em 24 horas. O levante do general Mourão foi uma "fagulha saltada" de Magalhães Pinto na tentativa de abocanhar a Presidência antes que Lacerda o fizesse. Até repreendida pelo próprio Castelo Branco, que a considerou uma temeridade, porque toda a preparação estava sendo feita para maio.

O coordenador dessa sublevação, o coronel Walters, assessorado por Golbery, Hugo Bethelen, Juracy Magalhães, Nelson de Melo e Cordeiro de Farias, fazia contatos em todo o país, advertindo os governos estaduais e as grandes empresas sobre o perigo comunista e urdindo a contrarrevolução preventiva.

Jango teve contatos pessoais com Kennedy. O primeiro em Washington, assessorado por San Tiago Dantas e por Roberto Campos, em que foi fortemente pressionado para desfazer as encampações promovidas por Brizola como governador do Rio Grande do Sul e em que foram feitas promessas de cooperação do governo norte-americano jamais cumpridas.

Essa negociação foi especialmente difícil porque o embaixador brasileiro, Roberto Campos, jogava tão escandalosamente a favor dos norte-americanos que o próprio Kennedy assinalou que ele mais parecia embaixador do seu país.

O segundo em Roma, quando da morte de João XXIII, em que Jango percebeu que Kennedy também estava enredado pela reação norte-americana. Já não tinha forças para levar adiante os seus planos de promoção do desenvolvimento porque, em lugar de buscar novos aliados progressistas e reformistas, o governo norte-americano voltara a confiar somente nas velhas classes latino-americanas e nos seus corpos militares.

Um terceiro encontro se deu com o irmão de Kennedy, Robert, ministro da Justiça, que veio ao Brasil expressamente para fazer pressão. Falaram três horas e os principais temas foram as desapropriações das empresas norte-americanas de Porto Alegre feitas por Brizola, a defesa dos interesses econômicos da mineradora norte-americana Hanna, o perigo da penetração comunista em seu governo e, até, a tentativa de interromper as relações econômicas do Brasil com o bloco socialista.

Jango rechaçou todas as impertinências e, quanto à última, disse que daria preferência às empresas norte-americanas se elas oferecessem condições tão vantajosas quanto a que tinha dos países socialistas.

Vieram ao Brasil, depois, importantes líderes militares norte--americanos, em seus aviões de guerra, que falavam com os governadores subversivos, com generais, como Castelo Branco, e até com o ministro da Guerra, mas não com o presidente.

DARCY RIBEIRO

A imprensa norte-americana apresentava o Brasil como uma economia em liquidação, que custava imensas fortunas aos contribuintes norte-americanos e que ameaçava dar desfalques ainda maiores. Jango teve que contestar, através do Itamaraty, que os desembolsos líquidos feitos pelo Brasil na forma de juros e remessas de lucros, de 1955 a 1961, somavam o dobro do que recebera dos norte-americanos. Acresce que maior ainda era o prejuízo brasileiro devido aos superfaturamentos e subfaturamentos das empresas norte-americanas aqui instaladas. Ainda mais gritante era o prejuízo nacional decorrente da deterioração dos preços do que exportávamos e a elevação do que importávamos.

Até um senador norte-americano, Frank Church, que fez um exame criterioso do intercâmbio comercial do Brasil com os Estados Unidos, chegou à conclusão de que os espoliados éramos nós. Éramos acossados pelos funcionários do FMI e do Banco Mundial, que cobravam nossas dívidas, engrossadas por juros escorchantes, e não nos davam oportunidade de renegociá-las.

Observe-se que essa dívida era de 3,8 bilhões de dólares, perfeitamente escalonável se o propósito norte-americano não fosse usá-la para nos chantagear. Por exemplo, faziam-nos pagar dez vezes mais do que o valor apurado contabilmente sobre as empresas compradas ou encampadas, o que constituiu, durante todo o governo de Jango, o nó da discórdia.

A conjuntura complicou-se e se agravou na forma de ataques a San Tiago Dantas, pelas negociações que iniciou em Washington, e ao Plano Trienal de Celso Furtado, que, para a contenção da espiral inflacionária, pedia o controle dos aumentos salariais. Jango dizia: "Apoio tudo o que propõem. Mas, se os preços subirem, aumento o salário".

Seu juízo sobre o planejamento econômico, expresso anos antes, era de que nunca leva em conta o sacrifício do povo, sobre cujas costas sempre recai o peso maior dos programas econométricos.

✦

O povo está financiando, com o seu sacrifício, o desenvolvimento econômico. Esse povo pode e sabe suportar privações para que o país se mantenha independente e se desenvolva, mas é necessário que esse sacrifício não recaia apenas sobre os menos afortunados, mas sobre todas as classes, proporcionalmente, e que ao mesmo tempo se adotem medidas de reforma social tendentes a impedir que uma pequena minoria, nadando em luxo e na ostentação, continue afrontando as privações e a miséria de milhares e milhares de brasileiros.

✦

Essa controvérsia interna ameaçava minar as próprias bases políticas de sustentação do governo. A Confederação Nacional dos Trabalhadores, a União Nacional dos Estudantes, a Frente Parlamentar Nacionalista, o Partido Comunista e especialmente os brizolistas atacavam frontalmente a política econômica do governo.

O próprio PTB, através do grupo compacto liderado por Almino Affonso, ministro do Trabalho, articulado com as centrais sindicais, entrou em discordância insolúvel. Todos eles liderados por Brizola, que argumentava assim:

✦

O que se pretende é entregar a uma corporação estrangeira centenas de milhões de dólares levando-se em conta o valor alegado pela corporação, quando o mais provável é até que não se tenha de pagar mais coisa alguma, pois em geral tais empresas já são devedoras do Estado.

✦

Ele se referia à concordância da Comissão Interministerial, criada por Jango, em pagar a indenização da Amforp, a American& Foreign Power, pelo preço que ela exigia. Já San Tiago Dantas e Roberto Campos haviam firmado um memorando em Washington concordando com esse pagamento e fixando data para efetuá-lo. A coisa cheirava tão mal que o próprio Lacerda posou de nacionalista, declarando que se tratava de um esbulho.

O que os nacionalistas exigiam era o levantamento físico-contábil da empresa, aí incluídos seus investimentos originários, coisa a que se opunham os Estados Unidos. A discussão incluía a compra da telefônica pertencente à Light, na forma de outra negociata.

Todos os nacionalistas se opunham a essas negociações. As próprias bases militares de apoio também se puseram a fazer manifestações. Assim é que o general Bevilacqua opôs restrições ao governo. Até o general Jair Dantas se permitiu também fazer declarações restritivas.

Era evidente, por igual, a posição de reserva do general Kruel, ministro da Guerra, à política reformista, bem como as ameaças veladas de que seu afastamento provocaria reações militares.

Nessa conjuntura, tornara-se impossível manter San Tiago no Ministério da Fazenda e desaconselhável deixar Kruel no Ministério da Guerra. A solução adotada por Jango foi substituir todo o ministério.

San Tiago foi substituído por Carvalho Pinto, um paulista tranquilo, capaz de diálogo com a direita e com a esquerda, que fez excelente administração das finanças brasileiras, apesar da crise. Era um nacionalista, convencido da importância de fortalecer o empresariado brasileiro. Substituiu Kruel o general Jair Ribeiro Dantas, tão ruim quanto possível. A Casa Civil, reimplantada, foi entregue à competência de Evandro Lins e Silva.

Nessa conjuntura desfavorável, o presidente permitiu o afastamento do general Osvino Ferreira Alves, pela Lei da Compulsória, por idade. Os militares que apoiavam o governo queriam mantê-lo na tropa por uma medida extraordinária do presidente ou fazê-lo ministro da Guerra. Mas o governo o perdeu, fortalecendo o general Jair Ribeiro Dantas, cujo apoio era vacilante e ambíguo. Jair e Assis Brasil se mancomunaram para impedir a manutenção de Osvino na tropa e, sobretudo, a entrega a ele do Ministério da Guerra.

Talvez, também, Jango não quisesse alguém tão forte, que poderia ambicionar o poder.

A saída foi a mudança do ministério. Assumi, então, em junho de 1963, a chefia da Casa Civil.

politicando

É inusitado que um intelectual chegue a ser Ministro de Estado, mesmo porque eles geralmente vivem enclaustrados em seus mundinhos ideáticos e, sobretudo, porque os cargos ministeriais cabem quase sempre a políticos profissionais. No meu caso é ainda mais surpreendente por meu estilo desabrido e franco de debatedor apaixonado de ideias e por ser um homem de esquerda.

Lembro-me bem do mal-estar ou do sentimento de ambiguidade de vários dos meus colegas quando surgiu a notícia de minha nomeação. Para uns era uma traição à carreira intelectual; para outros era o simples abandono dela, para abraçar a política; para alguns mais seria até uma adesão à ordem, uma renúncia ao esquerdismo. Na verdade, qualquer um deles teria aceito muito honrado o cargo, se tivesse a possibilidade de alcançá-lo. Que é que me fez Ministro da Educação?

Provavelmente a repercussão alcançada pela Universidade de Brasília representou um papel importante nesse passo. Mas não foi só isso, naturalmente. Durante todo o período de Juscelino Kubitschek estive encarregado da redação dos capítulos referentes à educação da Mensagem Presidencial.

Também durante o governo Jânio Quadros não só fui confirmado por decreto como responsável pelo projeto da Universidade de Brasília, como cooperei com o Presidente, que parecia predisposto, pela primeira vez na história brasileira, a levar a sério o problema da educação. Cheguei mesmo a redigir, com Anísio Teixeira, um projeto prioritário de educação para o Brasil que talvez tivesse sido posto em prática se a história não afastasse Jânio do quadro presidencial.

A tudo isso acresce, ainda, para me aproximar do poder, o fato de que eu era, há muitos anos, amigo pessoal de Hermes Lima e matinha boas relações também com o Presidente João Goulart. Assim é que, quando em 1962 Hermes assumiu o cargo de Primeiro-Ministro, ao compor o Gabinete, foi natural que se cogitasse o meu nome para o Ministério da Educação. Aquele era, aliás, um Gabinete de técnicos que contava também com a presença de Celso Furtado, de Santiago Dantas e de vários outros especialistas.

À frente do Ministério da Educação, apesar do curto prazo em que exerci o cargo, pude fazer alguma coisa. Sendo pessoa de casa, familiarizado com suas práticas, pude entrar logo em ação.

Aprovei o Primeiro Plano Nacional de Educação, pondo em exercício o mandato da Lei de Diretrizes e Bases da Educação

Nacional, aprovada pelo Congresso. A mais remarcável das minhas atividades foi, porém, a mobilização do professorado e também da estudantada para uma enorme campanha de escolarização de todas as crianças e de alfabetização dos adultos. Grupos de educadores, de artistas e de pessoas meramente instruídas se mobilizaram no país inteiro, utilizando os métodos mais variados – inclusive e principalmente o método Paulo Freire – tentando salvar milhões de brasileiros para si mesmos e para o Brasil, fazendo-os aprender a ler, escrever e contar. Igualmente remarcável foi a mobilização cultural que promovemos, tanto através da UNE como criando grupos de agitação comandados por gente do teatro, do cinema e de outros campos.

Recordo com certo orgulho algumas singelas façanhas. A de ter ajudado o prefeito de Natal, Djalma Maranhão, a levar adiante sua campanha "De pé no chão também se aprende a ler", que encheu as praias norte-rio-grandenses de barracões de palha, em que milhares e milhares de crianças se reuniam para estudar durante o dia e os adultos à noite à luz de velas e candeias.

Outra façanha foi criar a Pequena Biblioteca do Professor, de onze volumes, numa tiragem de 300 mil exemplares e que foi dada a cada professora primária em exercício no país. Ainda no campo bibliográfico orgulho-me de ter criado a Biblioteca Básica Brasileira, publicando dez volumes dela, em edição de 15 mil exemplares. A ideia era continuar publicando dez volumes, anualmente, até constituir, quando alcançasse 100 volumes, o corpo elementar de obras brasileiras que devem existir em todas as escolas para possibilitar o nascimento de mais intelectuais saídos do povo.

Por inspiração de Anísio tive também a iniciativa de implantar um programa de distribuição das verbas federais de educação numa razão inversamente proporcional à renda de cada Estado. Com isso ajudamos mais substancialmente os Estados pobres.

Prossegui como ministro minha campanha para forçar as universidades ao debate de sua própria reforma e pressionei quanto pude as universidades federais a ampliar substancialmente as matrículas que ofereciam. Consegui quase dobrar as vagas para medicina.

a mensagem das reformas

Episódio marcante de minha participação no governo foi a elaboração da mensagem presidencial de 1964.

Eu a escrevi cuidadosamente, sabendo que seria a grande carta político-ideológica do presidente João Goulart. Como ela era esperada com a maior reserva pela reação, chamei para ajudar-me Abgar Renault, um dos melhores estilos da língua. Era um *gentleman*, incapaz de ofender alguém sem intenção. Mas, sobretudo, capaz de dizer gentilíssimamente tudo o que o presidente quisesse.

Alegre, vi que ele transfigurara nossa mensagem, não deixando nela nada que parecesse ofensivo ao Poder Legislativo, colocando numerosas frases de pura cortesia.

Quando eu a apresentei ao Congresso Nacional, os deputados e senadores da oposição, que a viam pela primeira vez, estabeleceram uma estratégia para combatê-la. Adauto Lúcio Cardoso, líder da UDN, chamou e instruiu seus deputados, que saíram para ler, simultaneamente, as páginas que ele havia marcado da introdução, a fim de buscar qualquer coisa contra a qual pudessem contestar.

Eu ouvi a leitura da mensagem pelo secretário da Câmara, rindo de ver os vários leitores de Adauto chegarem, um a um, para dizer, desolados, que nada descobriram de ofensivo ao Parlamento. Tiveram que engolir a mensagem toda, embora ela tivesse as propostas mais radicais jamais submetidas ao Congresso.

Referindo-se à sua própria mensagem presidencial no Comício das Reformas, em 13 de março, Jango disse:

✦

Dentro de 48 horas vou entregar à consideração do Congresso Nacional a mensagem presidencial deste ano. Nela, estão claramente expressas as intenções e os objetivos deste governo. Espero que os senhores congressistas, em seu patriotismo, compreendam o sentido social da ação governamental, que tem por finalidade acelerar o progresso deste país e assegurar aos brasileiros melhores condições de vida e de trabalho, pelo caminho da paz e do entendimento, isto é, pelo caminho reformista, pacífico e democrático.

Mas estaria faltando ao meu dever se não transmitisse, também, em nome do povo brasileiro, em nome destas 150 ou 200 mil pessoas que aqui estão, caloroso apelo a Congresso Nacional para que venha

ao encontro das reivindicações populares; para que, em seu patrio-
tismo, sinta os anseios da nação, que quer abrir caminho, pacífica e
democraticamente, para melhores dias [...].

Na mensagem que enviei à consideração do Congresso Nacional,
estão igualmente consignadas duas outras reformas que o povo bra-
sileiro reclama, porque é exigência do nosso desenvolvimento e da
nossa democracia. Refiro-me a reforma eleitoral, uma reforma ampla
que permita a todos os brasileiros maiores de dezoito anos ajudar a
decidir os seus destinos; que permita a todos os brasileiros que lutam
para o engrandecimento do país influir nos destinos gloriosos do
Brasil. Nessa reforma, pugnamos pelo princípio democrático, prin-
cípio democrático fundamental, de que todo alistável deve ser tam-
bém elegível.

Também está consignada na mensagem ao Congresso a reforma
universitária, reclamada pelos estudantes brasileiros, pelos universi-
tários, classe que sempre tem estado corajosamente na vanguarda de
todos os movimentos populares e nacionalistas.

◆

Efetivamente, a mensagem presidencial, entregue por mim ao
Congresso Nacional em 15 de março de 1964, depois de dar contas da obra administrativa que vinha revisando e dos empreendi-
mentos econômicos que o presidente promovera, abre um capítulo
sobre a deliberação de progredir e conclui com o que chamou as

"tarefas do futuro" e aí assinala o aproveitamento da hidrelétrica de Sete Quedas como uma tarefa magna: "[...] O aproveitamento do potencial energético do salto de Sete Quedas, no rio Paraná, é obra que, por seu vulto e suas repercussões, justifica todos os trabalhos e sacrifícios que teremos de empreender para levá-la a cabo".

Prevista para alcançar uma potência total de 10 milhões de quilowatts – a maior central hidrelétrica do mundo –, essa obra representaria um acréscimo no potencial elétrico do país superior ao total que existiria até fins de 1965.

Os trabalhos preliminares, inclusive a construção de uma usina-piloto, implicaram um investimento, em moeda estrangeira, de cerca de 162 milhões de dólares, e o seu custo ascenderia a 1 bilhão. Construindo Sete Quedas, estaríamos assegurando, mediante a ligação com outros sistemas, a expansão econômica de todo o Centro-Sul, caracterizado pelo seu rápido incremento industrial e, portanto, por crescente necessidade de energia.

Assinalo aqui que a ditadura não seguiu por esse caminho. Abandonou o projeto criteriosamente elaborado para fazer sua hidrelétrica um pouco abaixo, matando a cachoeira de Sete Quedas e, o que é terrível, doando a metade do empreendimento financiado por empréstimos brasileiros ao Paraguai, a fim de alcançar os objetivos geopolíticos idiotas.

Queriam associar-se ao Paraguai, e o que criaram foi uma frente de atritos intermináveis, que tem representado um imenso prejuízo para o Brasil. Tudo isso era absolutamente desneces-sário, porque Jango havia se encontrado com o ditador para-guaio numa fazenda de Mato Grosso e combinado com ele que o Brasil asseguraria a seu país 10% da energia a ser produzida – 1 milhão de quilowatts –, dez vezes mais do que eles produ-ziam. Só precisávamos de sua autorização para dinamitar umas pedras do rio Paraná, que impediam a subida das turbinas que estavam se importando da União Soviética.

Examinemos agora, diretamente, a mensagem presidencial de 1964, para sentir a eloquência desse extraordinário docu-mento, que propunha uma completa renovação institucional no Brasil, com uma coragem e uma lucidez admiráveis.

Posso dizê-lo expressamente porque ela não é um texto do chefe da Casa Civil, é um texto do presidente da República, que reflete suas ideias fundamentais. Mas leiamos a mensagem:

[...] Outra magna tarefa a que se devota o governo é a implan-tação, em Brasília, de uma universidade moderna capaz de, além de cumprir as tarefas correntes de ensino e pesquisa, completar a cidade-capital com o núcleo científico e cultural, que não lhe pode faltar e, ainda, proporcionar aos poderes públicos a indispensável assesso-ria no campo do planejamento e da assistência técnica e científica. A Universidade de Brasília concentra seus esforços na edificação, equipamento e operação de um conjunto de institutos de ciências

fundamentais, montados especialmente para ministrar cursos de nível pós-graduado; de um sistema de escolas de engenharia devotado à formação das novas modalidades de tecnologistas altamente qualificados, necessários ao comando do desenvolvimento econômico do país; e de diversos centros de pesquisa e experimentação que cubram as áreas do planejamento geral e educacional, da tecnologia do cerrado, de edificação e de outros campos [...].

✦

As últimas páginas da introdução da mensagem de João Goulart se dedicam ao que ele chamou de "caminho brasileiro", em que ressalta a sua proposta de reforma agrária como tarefa própria e exclusiva do Parlamento e absolutamente indispensável para que o Brasil progredisse.

✦

[...] Assim é que submeto à apreciação de vossas excelências, a quem cabe privativamente a reformulação da Constituição da República, a sugestão dos seguintes princípios básicos para a consecução da reforma agrária:

— A ninguém é lícito manter a terra improdutiva por força do direito de propriedade;

— Poderão ser desapropriadas, mediante pagamento em títulos públicos de valor reajustável, na forma que a lei determinar:

a) todas as propriedades não exploradas;

b) as parcelas não exploradas de propriedade parcialmente aproveitadas, quando excederem a metade da área total;

– A produção de gêneros alimentícios para o mercado interno tem prioridade sobre qualquer outro emprego da terra e é obrigatória em todas as propriedades agrícolas ou pastoris, diretamente pelo proprietário ou mediante arrendamento [...].

✦

A mensagem conclui propondo as reformas constitucionais indispensáveis para que todo o programa generoso pudesse ser efetivado, e para alcançar esses altos objetivos recomenda incorporar-se à nossa Carta Magna os seguintes preceitos:

✦

– Ficam supressas, no texto do parágrafo 16 do art. 141, a palavra "prévia" e a expressão "em dinheiro";

– O art. 147 da Constituição Federal passa a ter a seguinte redação:

O uso da propriedade é condicionado ao bem-estar social;

– A União promoverá a justa distribuição da propriedade e o seu melhor aproveitamento, mediante desapropriação por interesse social, segundo os critérios que a lei estabelecer.

Estou certo de que os nobres parlamentares do Brasil deste ano de 1964 guardam fidelidades às honrosas tradições dos nossos antepassados que, em conjunturas semelhantes da vida nacional, como a Independência, a Abolição da Escravatura, a Proclamação da República e a Promulgação da Legislação Trabalhista, tiveram a sabedoria e a grandeza de renovar instituições básicas da nação, que se haviam tornado obsoletas, assim salvaguardando o desenvolvimento pacífico do povo brasileiro.

✦

O presidente, no Rio de Janeiro, caminhava pela pista que ele próprio queria abrir para si.

No comício do dia 13 de março de 1964, em que falaram ele, Brizola, Arraes e muitas outras lideranças de esquerda, se desenhava um quadro provocativo, que vinha principalmente da natureza de um comício frente à multidão, mas também de avanços que o presidente quis anunciar.

Ele decretava que, através da SUPRA, a Superintendência da Reforma Agrária, se fizessem imensas desapropriações ao longo das estradas, que não se compaginavam com o texto constitucional. Antecipava-se, assim, a reforma proposta ao Congresso.

No seu discurso, Jango anunciava também uma reforma urbana, bem como a desapropriação das refinarias privadas, medidas que seriam recomendáveis, mas que não podiam ser alcançadas apenas por um ato de vontade.

Outros pensamentos desejosos foram ali anunciados e firmados diante do público pelo presidente da República.

Mas não era isso só que ocupava o presidente. Ele queria ali expor claramente seus planos de reforma estrutural para renovação do Brasil. Expunha ao povo o que exigia do Congresso, em bons termos, no estilo de Abgar.

Assim, discreto, começava a chamar o povo para os atos de massa que programava para o Dia do Trabalho.

Nessa ocasião, tive um encontro solicitado por mim com o senador Luís Carlos Prestes. Realizou-se na casa de Sinval Palmeira, um apartamento enorme na avenida Atlântica.

Conversei longamente com o senador. Queria preveni-lo de que nós marchávamos para um movimento que devia se realizar a partir de 1º de maio, de pressão pela reforma agrária. Esse movimento devia ter manifestações camponesas, manifestações operárias e podia terminar numa greve tão ampla quanto possível.

Argumentava eu sobre a preparação necessária para isso e o apoio indispensável do Partido Comunista.

Creio que o senador mal me ouvia. Ele só queria me comunicar e comunicou, reiteradamente, que o presidente podia ficar tranquilo quanto aos comunistas. "Nós não faltaremos a ele, professor. Só exigimos que dê uma formalização legal ao que venha a fazer."

Quer dizer, ele me dizia que estava totalmente de acordo com um golpe se Jango o desse.

Eu tentava dizer que o golpe que se armava era contra nós, para nos derrubar, mas essa informação não passava. Prestes achava que tudo era cor-de-rosa.

Aliás, essa era a posição de grande parte dos líderes das esquerdas, cegas para a realidade, certas de que a direita tinha razão ao denunciar uma conspiração sindicalista de Jango.

Falei com vários deles, tentando mostrar que o que estava em marcha era um golpe da direita contra nós. Essa informação não passava. É muito difícil que as pessoas se convençam de alguma coisa, ainda que medianamente clara, quando toda a imprensa, unanimemente, não fala dela ou diz o contrário.

O poder de convencimento de uma imprensa unânime, porque é unanimemente subornada, é realmente terrível. Sobretudo para as classes médias e a intelectualidade, que têm a cabeça feita pelos jornais e pela televisão.

Não para o povo. Este guarda intocada sua própria consciência, feita através da História e de sua vida de penúria. Só por isso podemos ganhar eleições.

reformas de base

Do Ministério da Educação passei ao cargo de Chefe da Casa Civil da Presidência da República, cujo encargo fundamental é coordenar todo o governo, fazendo-o seguir as diretrizes do Presidente. Nestas novas funções tive de enfrentar, além de toda uma enormidade de atividades administrativas, tarefas totalmente novas, fundamentalmente a de dar forma concreta ao movimento nacional pelas Reformas de Base. Seu objetivo era transformar pela persuasão as arcaicas estruturas legais brasileiras consagradoras do latifúndio e do empreguismo. O fundamental era dar resposta aos seguintes desafios:

— Como reverter o processo histórico, a fim de romper as muralhas do latifúndio improdutivo e, em lugar da colonização das áreas novas se fazer através do latifúndio, ela se fizesse através de pequenas propriedades?

— Como assegurar aos milhões de posseiros e arrendatários rurais que alugavam terras dos latifundiários a preços exorbitantes, sem nenhuma garantia, as regalias então assegura-das ao inquilinos urbanos?

– Como pôr em execução a Lei de Remessa de Lucros para colocar sob controle governamental as empresas estrangeiras, a fim de impedir a apropriação total das riquezas naturais e o do-mínio completo do nosso mercado interno, tal como veio ocor-rer depois?

O que se pretendia era uma reforma estrutural de caráter capitalista. Elas foram vistas, porém, como revolucionárias em razão do caráter retrógrado do capitalismo dependente que se implantou no Brasil sob a regência de descendentes de senhores de escravos e de testas de ferro de interesses estrangeiros. Jango dizia e eu repetia até à exaustação que com milhões de pequenos proprietários a propriedade estaria mais defendida e muito mais gente poderia comer e educar os filhos. Argumentávamos, com igual vigor, que cruzeiros não podem produzir dólares, isto é, que as empresas estrangeiras poderiam mandar para fora os lucros do capital que trouxeram um dia de qualquer forma para o Brasil, mas não sobre o que cresceu aqui, com o apoio do sistema ban-cário nacional.

O apoio popular a este programa não poderia ser mais en-tusiástico. Nem mais fanática a oposição a ele por parte dos lati-fundiários e dos agentes de interesses estrangeiros. Unidos eles montaram a maior campanha publicitária que se viu no país, para convencer as classes médias de que o governo marchava para o comunismo. O ambiente de odiosidade que se criou dividiu as forças armadas e pôs o Brasil sob ameaça de invasão pelos Estados Unidos, a pedido do governo de Minas Gerais. Nestas circunstâncias, João Goulart teve que optar entre deixar-se derrubar ou resistir permitindo que se desencadeasse no país uma guerra civil que podia custar milhões de vidas.

O governo Jango era reformista, mas a profundidade das reformas que propunha fez com que ele passasse a ser percebido como revolucionário, provocando, assim, uma contrarrevolução preventiva. Caiu porque a única forma de enfrentar uma contrarrevolução é fazer a revolução e isto excedia a tudo o que aquele governo pretendia.

Seguiu-se o golpe e se implantou o regime militar de 1964, que passa a governar como um negativo fotográfico do programa de Jango, fazendo exatamente o oposto. Em lugar de democracia e liberdade sindical, ditadura e arrocho salarial. Em lugar de milhões de pequenos proprietários, milhões de hectares para superproprietários. Em lugar do controle das multinacionais, a entrega total do Brasil ao controle delas.

✦

a crise. o golpe. a queda

A conjuntura golpista só se agravou com as provocações de Lacerda contra o presidente e contra o Exército.

O golpismo, de nosso lado, foi encarnado pelo general Kruel, ministro da Guerra, que quis montar, em abril de 1963, uma operação de massas de que resultaria o assalto ao Palácio das Laranjeiras, onde estava o governador Lacerda. Seu projeto real era tumultuar o quadro político para saltar, ele próprio, ao poder. Foi impedido pela reação enérgica do comandante do Primeiro Exército, que se opôs à aventura.

Nova conspiração militar, gravíssima, espocou ainda em setembro. Dessa vez, o que estava em causa era o brio do Exército, ofendido numa entrevista que o governador Carlos Lacerda deu nos Estados Unidos, caluniando o presidente da República e seus generais. A coisa engrossou até que eles exigiram do presidente a decretação do estado de sítio para que pudessem intervir no estado da Guanabara e prender Lacerda.

Jango concedeu não a decretação, tomada ilegalmente, que os generais pediam, mas a solicitação ao Congresso de que este impusesse o estado de sítio.

Fui instruído pelo presidente para redigir a mensagem solicitando a medida, o que fiz em 4 de outubro de 1963. Alegando, embora, que estado de sítio não se pede. Se toma.

Para viabilizar a medida, o presidente pediu e obteve o apoio inicial de Brizola e das esquerdas, mas enfrentou-se com a resistência de alguns comunistas, especialmente de Osvaldo Pacheco e da gente de Arraes. Os dois vieram ao Rio conversar com as esquerdas e as convenceram de que, depois da prisão de Lacerda, Arraes é que seria preso, porque o plano de Jango seria bater na direita e na esquerda. Brizola concordou e o governo perdeu o apoio com que contava.

✦

Ocorre aí um episódio insólito, quase incrível. O leviano general-faz-tudo foi chamado ao quartel do Primeiro Exército para receber ordens diretas do general Jair para prender o governador da Guanabara, Carlos Lacerda. O dito general passou o abacaxi ao coronel Costa Cavalcante, favorável a Lacerda, que exigiu ordem escrita.

Tudo se embananou e o presidente, já abandonado pelas esquerdas, me ordenou que pedisse ao Congresso a desistência do pedido de sítio, que eu próprio havia requerido três dias antes.

Na viagem de volta do Rio para Brasília eu, que não gosto de conversar em voo, me pus diante de Jango argumentando ter chegado sua oportunidade de livrar-se do Comando Militar, que visivelmente não funcionava. Propunha que me deixasse articular uma demissão coletiva de todo o ministério, para obrigar os ministros militares a também deixar os cargos.

"Que é isso, Darcy? Tu queres me deixar sozinho justamente no meio desta crise?", retrucou ele.

Nessa altura, San Tiago Dantas iniciou uma articulação essencial. Era a criação de uma frente ampla de apoio político não ao presidente João Goulart, mas ao regime. Isso devia interessar muitíssimo a JK, a Adhemar e a Magalhães Pinto. Todos eles candidatíssimos, sabendo que só com a preservação da legalidade poderiam eleger-se.

A manobra malogrou-se pela declaração de Brizola de que jamais se aliaria a gente como Amaral Peixoto. Vale dizer, a esquerda recusou-se a integrar a frente, frustrando-a.

Era talvez tarde demais, porque a conjura golpista andara mais rápido que nós, comprometendo todos os conservadores e reacionários na intentona. Perdeu-se a chance, e a história continuou rolando.

A crise estalou estrepitosamente com o levante dos quinhentos sargentos da Marinha e da Aeronáutica de Brasília, a 2 de setembro de 1963. Sublevaram-se protestando contra um ato do

Poder Judiciário, que vetou a diplomação dos sargentos eleitos em 1962, por ser inconstitucional.

Os sargentos ocuparam os ministérios da Aeronáutica e da Marinha, o aeroporto, a base aérea e os correios, que constituíam, obviamente, alguns dos alvos mais importantes guardados pelas Forças Armadas.

Eu soube da sublevação na granja do Ipê, onde vivia. Compreendi então a importância dos serviços especiais de telefonia e das palavras em código que os órgãos de segurança usavam e que antes me pareciam ridículos. O Exército reprimiu a sublevação à custa de duas mortes e dezenas de feridos. Mas um lanho profundo ficou sangrando na oficialidade das Forças Armadas: a nunca vista nem pensada insurgência da suboficialidade contra seus comandantes.

Também gravíssimas como passo para o golpe foram as greves de 200 mil cortadores de cana de Pernambuco e da Paraíba, em novembro de 1963, que assustaram demais os usineiros. Era o campo se alçando com métodos operários de luta.

Somam-se a tudo isso as greves nas indústrias de São Paulo e do Rio e nas empresas estatais. Nestas, um louco até pedia para equiparar o salário dos ferroviários ao dos trabalhadores da Petrobras. Criou-se assim um ambiente de agitação verbal das esquerdas sindicais, que pressionavam o governo, já terrivelmente encurralado pela direita.

Outro fato capital foi a renúncia de Carvalho Pinto ao Ministério da Fazenda, em janeiro de 1964, que comuniquei a Jango.

Ela assinalou o despenhadeiro da crise em que caíamos. Carvalho Pinto era a última base de confiança que o patronato podia ter no governo. O rural, exasperado com a reforma agrária, estava todo do outro lado, odiando Jango como um traidor da classe. Defendia hipocritamente a intocabilidade da Constituição, sobretudo do artigo 141, que só admitia a desapropriação de terras com o pagamento prévio do preço justo em dinheiro.

O comercial, habitualmente governista, mas conservador, saltava aflito sobre a chapa de zinco quente que era a inflação. O industrial, que sempre fora entreguista, não entendia que o paulista Carvalho Pinto apoiasse o controle do capital estrangeiro. Só estava conosco o corpo de empreiteiros, totalmente dependente do governo. Praticamente subornado.

Carvalho Pinto me comunicou a demissão, que eu informei a Jango. Ele nomeou imediatamente um banqueiro gaúcho só conhecido no Sul, Nei Galvão, e colocou ao lado dele seu advogado principal, Waldir Borges. Evitou assim que a candidatura proposta por Brizola se aprofundasse. Nessa ocasião, mesmo com o ministro nomeado, Brizola e Arraes andaram agitando meu nome para ministro da Fazenda. Loucuras.

A crise econômica, seriíssima, por si só daria para derrubar um governo. Inflação de 84% ao ano. Greves espocando em toda parte, incontroláveis. Alçamentos camponeses estourando, motivados pela fome ou inspirados pelo Movimento das Ligas Camponesas.

O Plano Trienal de Celso Furtado, que um ano antes parecia viável, tornara-se impraticável. O presidente negava-se a conter os aumentos salariais, não só por sua ideologia trabalhista, mas porque os trabalhadores eram sua única base de apoio político.

De fato, ele continuou popular até o fim do governo, saudado amistosamente onde deparasse com trabalhadores.

✦

Os golpistas se assanharam, promovendo ações de massa, já em fevereiro. A primeira delas foi importar um santão norte-americano, padre Peyton, que veio ao Brasil para conclamar todos os católicos à oração, debaixo da legenda de que "a família que reza unida continua unida".

Vendo o perigo daquela promoção, que seria aberta pelo mais reacionário líder católico rezando ao lado do padre, eu o chamei a Brasília. Tivemos uma conversa desencontrada, porque ele foi trazido por um agente da CIA, que eu tive que colocar para fora da sala.

Disse ao padre que o presidente ficara muito contente com sua iniciativa e também queria rezar o terço com toda sua família.

O padre Peyton encantou-se. Tanto mais porque eu prometi que tentaria fazer com que o terço fosse rezado simultaneamente em todas as capitais brasileiras. Era verdade, ainda que muito difícil naquele tempo. Para isso importei, através da Varig, muito material de gravação para a televisão e armei um esquema para gravar a missa e a reza do padre.

Foi nessa altura que pus para fora o tal agente, que dizia que a façanha era impossível. Ganhamos a parada. O terço foi um sucesso. Principalmente porque começava mostrando Jango ao lado da belíssima Maria Tereza e de seus lindos filhos, brincalhões e risonhos, que adoraram a representação.

✦

A 13 de março tivemos o grande Comício das Reformas, na praça principal do Rio, defronte da estação da Central do Brasil e do Ministério da Guerra. O povo, mobilizado através de tudo que um governo pôde jogar numa promoção, superava os 300 mil. Alegre e embandeirado, ouviu os grandes líderes populares – Jango, Brizola, o deputado mais votado do Rio de Janeiro, Arraes, governador de Pernambuco, Seixas Dória, governador de Sergipe, o presidente da UNE – além de muitos outros. Todos, afinal, unidos na Frente Única Popular de apoio às reformas exigidas por Jango.

O presidente armou o comício como queria. Não fui consultado, mas meramente informado dos atos que assinaria ali e que eu desaconselhava, dizendo: "Decreto não anula a Constituição".

Referia-me aos atos de encampação das refinarias e de execução de uma reforma urbana e, sobretudo, ao decreto da SUPRA que autorizava a desapropriação de áreas ao longo das ferrovias, das rodovias, das zonas de irrigação e dos açudes. Tudo muito desejável, mas inviável por esse caminho. Não era a reforma agrária que dois dias depois proporíamos ao Congresso através da mensagem presidencial. Era apenas o gesto eloquente de que necessitávamos para pôr em marcha o motor das reformas estruturais.

É compreensível também que o presidente necessitasse de um ato assim de consagração popular frente à avalanche de ataques que sofria. Ele mostraria ali seu prestígio popular e a popularidade das reformas que promovia. E difundiria seu pensamento de que a mídia subornada não dava notícia ou deturpava.

Seguiu-se, no dia 15, a entrega da mensagem presidencial ao Congresso, que já relatei. E logo depois, dia 19, a Marcha da Família com Deus pela Liberdade, em São Paulo. Enorme. Nossos próceres, ou pelegos, de São Paulo, disseram que fora muito fácil para Adhemar de Barros montar a marcha, porque retirara os ônibus e deixara o povo encurralado.

Mandei que fizessem o mesmo, numa contramarcha pelas reformas. Não fizeram nada. Foi a reação que reproduziu no Rio de Janeiro uma marcha semelhante, igualmente massiva.

A História nos afunilava. Traições se registravam nos próprios quadros do governo.

Por exemplo, Araújo Castro, ministro das Relações Exteriores, comandado por Castelo Branco, chefe do Estado-Maior das Forças Armadas, e pelo coronel Walters, alterara substancialmente o acordo militar Brasil-Estados Unidos, sem consultar o presidente.

Diariamente ocorriam provocações e os ânimos se acirravam. O povo e as esquerdas, confiantes no proclamado poderio do governo, estavam anestesiados.

A conspiração envolveu logo os comando militares. Castelo Branco lançou um manifesto, conclamando a oficialidade à indisciplina dentro da doutrina da Guerra Fria, segundo a qual o inimigo principal era interno, o comunismo, que tinha que ser erradicado a qualquer custo.

O ministro da Guerra, Jair Dantas, tirou o corpo, internando-se no hospital para operar sua próstata, deixando tudo em mãos de um inválido, o general Âncora.

Paralelamente a esse desmonte do dispositivo militar do governo, os líderes da direita, liderados por Bilac Pinto, presidente da UDN, denunciavam, através da imprensa, a iminência de um golpe militar de Jango, destinado a implantar uma república sindicalista.

A denúncia mentirosa, veiculada por uma imprensa unânime como se fosse verdade, acabou funcionando como se fosse verdadeira. Ocorre então, a 27 de março, a provocação maior.

Estando o presidente no Rio Grande do Sul junto com o chefe da Casa Militar, Assis Brasil, aconteceu a assembleia dos marinheiros. Era perfeitamente previsível, porque se realizara no ano anterior. E eu pedira então, como pedia agora ao ministro da Justiça, Abelardo Jurema, que estivesse presente para presidir e controlar o movimento. Ele, entretanto, decidiu consultar o almirantado e foi dissuadido. A corda estava solta.

O ministro da Marinha mandou uma tropa de fuzileiros dissolver a assembleia, mas ela aderiu ao levante. A agitação era cada vez maior no sindicato dos metalúrgicos.

Eu tudo acompanhava, apreensivo, do Palácio das Laranjeiras, através de homens meus, postos na assembleia. Decidi ir então ao Ministério da Guerra falar com o general Âncora.

Esse Âncora era um general magro, asmático, que tossia sem parar. Levava a tiracolo não uma arma, mas uma espécie de bombinha de flite com que, de vez em quando, espargia algum remédio na garganta. Dizia com toda a ênfase que iria mandar suas tropas cercar o sindicato dos metalúrgicos e prender os marinheiros e os fuzileiros sublevados, para acabar com a baderna.

Não fez nada, porque não podia mesmo fazer nada e porque eu dei ordem peremptória de que nada fizesse. Só lhe cabia esperar o presidente.

Chegou afinal o presidente da República, acompanhado do chefe da Casa Militar. Chegou só à tarde, quando eu já havia, inclusive, aceitado a demissão do ministro da Marinha, que se apresentara nas Laranjeiras no seu uniforme de gala para pedir exoneração do ministério.

Disse a Jango que era preciso tirar o Âncora e tentar ver se o marechal Lott podia salvar o governo. Eu o estivera sondando.

Mas Jango me respondeu; "Como é que eu vou demitir o ministro Jair Dantas, que está de barriga aberta numa sala de operações?".

Continuou Âncora comandando as Forças Armadas e guarnecendo o governo com sua monumental incapacidade.

A rebelião dos marinheiros, em 24 de março, foi vitoriosa porque Jango nomeou para ministro da Marinha o almirante Mário da Cunha Rodrigues, que, tomando posse, pediu e alcançou anistia para os insurgentes.

Mil marinheiros saíram do sindicato dos metalúrgicos, em festa, pela avenida Presidente Vargas, levando em seus braços o almirante Aragão, gritando que era ele o seu ministro.

Hoje sabemos que o levante dos marinheiros foi comandado pelo cabo Anselmo, agente da CIA. Homem habilidoso, que continuou tendo o apoio e a confiança das esquerdas, o que permitiu que ele fizesse matar dezenas de líderes guerrilheiros que vinham do ciclo de treinamento em Cuba.

Nunca foi encontrado, porque mudou de cara e de nome. Servirá hoje à CIA em outro posto.

Voltei para Brasília. Lá, sabendo que o presidente compareceria à homenagem que os sargentos das Forças Armadas iriam prestar-lhe no Automóvel Clube, mandei para ele, num avião especial, uma sugestão de discurso. Nele, o presidente chamaria a atenção dos suboficiais para a necessidade de se fazerem defensores da hierarquia, porque ela era o alicerce sobre o qual se operavam as Forças Armadas. Caindo na indisciplina, se dissolveriam inevitavelmente.

Jango não levou em conta minha sugestão. Fez seu discurso num tom mais inflamado. Um observador externo podia até imaginar que ele estivesse provocando a própria queda. Não seria inverossímil, porque alguns de seus conselheiros no Rio, como San Tiago Dantas, Samuel Wainer e Jorge Serpa, aconselhavam isso mesmo.

Achavam que a queda, para Jango, seria o novo Itu, de que voltaria vitorioso como Getúlio.

Minha convicção, porém, é de que não se tratava disso. Jango era muito orgulhoso de sua carreira política e não a estragaria com uma deserção. Sabia bem que estava condenado a fazer frente às forças da reação, dispostas a sublevar-se. Mas confiava em que, coordenando seu dispositivo militar, poderia dissuadi-las de dar o golpe.

✦

Seguiu-se, no dia 31 de março, o levante do general Mourão, o "vaca fardada", mandante das tropas de Juiz de Fora, que obedecia às instruções de Magalhães Pinto.

Este lançara no dia anterior um manifesto à nação, conclamando-a para a revolução preventiva, que evitaria um suposto golpe comunista de Jango.

Magalhães Pinto tinha transformado seu secretariado em ministério, no qual as relações exteriores couberam a Afonso Arinos, que coordenou o apoio norte-americano ao golpe: Lyndon Johnson atendeu ao pedido dos mineiros. Mandou toda uma frota poderosa de navios de guerra porta-aviões e petroleiros ao porto de Vitória. Mandava também uma tropa com ordens de marchar para Belo Horizonte, levando munições, gasolina e rancho.

A luta estava, pois, internacionalizada. A direita, com a ousadia de sempre, optara pela luta armada, desse no que desse, para defender os seus interesses, que englobavam também os interesses dos norte-americanos, a quem transferia o encargo de defendê-la.

✦

No meio da crise, Jango recebeu um telefonema do general Kruel, impondo condições para que continuasse no poder, com o apoio do empresariado paulista. Queriam o afastamento imediato de Raul Ryff, secretário de Imprensa, e do comunista Darcy Ribeiro. Exigiam uma série de medidas difíceis de ser implantadas. Tais eram: voltar atrás na Lei de Remessa de Lucros; revogar o decreto de reforma agrária, da SUPRA, e propor ao Congresso uma nova lei de greve que as tornasse impraticáveis.

Não foi a única mão estendida a Jango. Mãos que ele não podia apertar, porque acabaria caindo em condições ainda piores e desmoralizado. Juscelino Kubitschek o procurou nas Laranjeiras, exigindo que mudasse o ministério e fizesse uma declaração de repúdio ao comunismo. Insistiu muito. Não o fazia por Jango, mas por si mesmo, porque precisava da legalidade para eleger-se presidente.

O general Peri Bevilacqua, chefe do Estado-Maior das Forças Armadas, também tentou salvar Jango, desde que fechasse a CGT e acabasse com a greve geral que se estava montando frouxamente no Rio. San Tiago, por sua vez, ponderava que o que se anunciava era uma luta de proporções colossais.

Jango reagiu inclinando-se sobre o telefone por 24 horas a solicitar fidelidade dos comandantes dos quatro Exércitos. Todos conversavam, tergiversavam e tiravam o corpo, deixando o governo cair.

✦

Eu vi todo o golpe armar-se ao lado de Jango, supondo que podíamos enfrentá-lo. Quando se desencadeou, por parte de um general irresponsável, que contra os desígnios do seu chefe, Castelo Branco, pôs a tropa em campo, a partir de Juiz de Fora, para assaltar o Rio, chegou a nossa hora final de agir.

A tropa que saíra do quartel de Juiz de Fora era formada por recrutas com menos de três meses de caserna. Voltaria correndo para casa se fosse lambida por algumas metralhadoras da aviação fiel ao governo.

Eu me articulara com o brigadeiro Teixeira, que tinha prontos vários aviões no Rio de Janeiro, preparados para voar e lamber a tropa de Mourão, assim que a ordem fosse dada pelo presidente. Articulara-me também com o almirante Aragão, para que saísse com sua tropa de fuzileiros navais, a fim de acabar com a agitação, atacando Lacerda em seu palácio e prendendo Castelo Branco, que estava reunido com um grupo de oficiais antigovernistas numa escola militar da praia Vermelha. O almirante também dependia de ordem direta de Jango.

❧

Eu, lá de Brasília, insistia com o presidente que ele desse essas ordens, parando de enfrentar os golpistas apenas com telefonemas aos comandantes das regiões militares. A coisa andara muito demais para que fosse possível enfrentar o golpe apenas com palavras.

Eu já havia demonstrado ao presidente que as tropas do Primeiro Exército, do Rio, ao contrário do que dizia o chefe da

Casa Militar, estavam dominadas por oficiais antigovernistas que sabotavam os carros de guerra e as armas.

San Tiago Dantas havia informado o presidente da existência de uma armada norte-americana, pronta para desembarcar na Guanabara se Lacerda fosse atacado.

A informação era imprecisa. Havia, efetivamente, uma força naval com ordem de invadir o país, mas ela se articulava não com Lacerda, mas com Magalhães Pinto. A presença de forças estrangeiras dispostas a invadir o país indicava que a direita brasileira perdera todo o brio, entregando-se ao domínio estrangeiro e desencadeando uma luta de proporções continentais.

✦

Jango não se dispunha a contribuir para que se desencadeasse uma guerra civil, de que podia resultar um milhão de mortes, me disse depois. O governo, tendo embora um dispositivo militar que, acionado para a luta, poderia funcionar e contando com massas populares de apoio, não quis se defender. Acabou tendo de deixar o Rio, onde o presidente não contava nem com segurança pessoal.

✦

Voltou a Brasília num avião fretado da Varig. Eu o acompanhei ao Palácio do Planalto, onde se enfrentou com os oficiais fiéis da Casa Militar, que choravam emocionados.

A seguir, foi para sua residência na Granja do Torto, onde o general Fico comprometeu-se com ele, em minha presença, a manter por 48 horas a praça de Brasília.

Jango foi acompanhado por Tancredo Neves e Almino Affonso, que escreveram com ele um Memorial à nação.

Era o que restava fazer ali. Já não conseguimos divulgá-lo, senão nas rádios de Brasília, que eu havia ocupado.

✦

Afinal, o levamos ao Coronado da Varig, em que partiria para Porto Alegre, já disposto a exilar-se no Uruguai. Sentado, esperou horas que o avião decolasse, ouvindo desculpas.

Só então viram que era verdadeira a informação de que estavam sendo sabotados. Afortunadamente, Wilson Fadul, que também era oficial da Aeronáutica, providenciara um DC-3 da Aeronáutica bem abastecido, em que partiram para Porto Alegre.

Fiquei em Brasília para manter o governo, esperando uma ação militar do Terceiro Exército. Lá em Porto Alegre, segundo soube, Jango reuniu-se com os generais Ladário e Assis Brasil, com Brizola, Fadul, Amauri Silva e Osvaldo Lima Filho para decidir o que fazer.

O general Ladário estava disposto a lutar na defesa da legalidade e do presidente. Mas advertiu que não tinha completo controle sobre o Terceiro Exército, cujo comando assumira recentemente.

Brizola, então, rebelou-se, conclamando todos para a guerra radical. Ladário contestou que não sabia o que era isso. Só sabia comandar a guerra militar, para que fora treinado.

Jango decidiu: "Não vou resistir. Não há condições!".

✦

A reunião se desfez. Era o fim. Fora impossível armar uma resistência militar ao golpe. Qualquer resistência converteria Porto Alegre num reduto definível como comunista, contra o qual derramariam todas as forças até esmagar a cidade.

Brizola fez o que podia para forçar Jango à luta armada com o auxílio das tropas sediadas no Rio Grande do Sul e do povo gaúcho. Ele não quis. Exilou-se. No dia 4 de abril, internou-se no Uruguai.

✦

Eu fiquei no meu posto de chefe da Casa Civil, passando pito e dando ordens incumpríveis. Tinha posto, com a ajuda do prefeito, uns mil candangos sentados, esperando, na plateia do Teatro Nacional. Quisera ocupar com eles, se fosse o caso, a Câmara e o Senado na manhã seguinte, pacificamente.

✦

Não deu. Auro de Moura Andrade, presidente do Congresso, antecipou o golpe, reunindo os deputados e senadores às onze horas da noite. Fracassou o general Fico no que havia prometido ao presidente. Interceptei um telegrama dele a Costa e Silva, tratando-o de "meu chefe".

Indignei-me com ele, gritando: "Ele não é seu chefe. É um macaco. Você não merece vestir a saia da Iracema".

✦

Fracassou também o governador de Goiás, Mauro Borges, que, em lugar de me dar apoio como prometera, mandou uma dúzia de jagunços armados com metralhadoras dar segurança a Auro, postados nas lajes do edifício do Congresso Nacional.

Tancredo é que, mais uma vez, demonstrou sua coragem e lealdade, lendo a carta que enviei ao Congresso, informando que o presidente da República e seu ministério estavam em território nacional, na cidade de Porto Alegre.

Auro não fez caso da informação e bradou: "Declaro vaga a Presidência da República. Convoco o presidente da Câmara dos Deputados, Ranieri Mazzilli, para assumir a Presidência".

✦

Os oficiais da Casa Militar transitavam nervosos e incansáveis da porta do palácio à minha sala, querendo que eu saísse e trazendo informações.

A certa altura, anunciaram: "Mazzilli está subindo com um grupo de deputados e com dois generais". "Tomaram o elevador." "Estão entrando no gabinete presidencial."

Era um andar acima do meu. Lá fiquei de teimoso. Sucediam coisas engraçadas, como a surpresa do senador Mem de Sá, ao sair do elevador e dar de cara comigo. Gelou o riso que trazia para Mazzilli e recebeu o meu de gozação. Voltou de costas para o elevador.

✦

Eu estava siderado. Tinha os pés e as mãos atados, a boca tapada. Justo naquela hora em que minha disposição era enfrentar canhões com minhas carnes. Era atirar, arrasar.

Uma imagem que não me saía da cabeça era a figura danada de Auro, que eu queria esmagar. O pai dele fora o maior grileiro de terras do Brasil, apossou-se de centenas de quilômetros de terras em São Paulo. O filho prosseguiu comendo terras, já em Mato Grosso. Terras que retinha como suas, como as carnes de seu corpo. Tirar o naco delas seria como arrancar-lhe a mão.

✦

Os oficiais me olhavam assombrados, sem coragem de insistir que eu saísse. As pessoas que eu chamara, Zé de Catão, meu amigo de infância, e frei Mateus, vice-reitor da UnB, me olhavam com espanto. Iracema sorria, tentando me alegrar.

Aquela era minha hora de chumbo. Hora que eu preferia estar morto a sofrê-la: a hora do derrotado.

✦

Não disse palavra. Lá fiquei mudo, me roendo. Nem pensar ordenadamente pensava. Só sentia uma dor surda que retesava meus músculos, estirava meus nervos e me deixava pronto para disparar. Para onde? Para nada!

✦

Lá pela uma hora da manhã aquiesci e saí. Já não havia o que fazer ali também. Fui ao Ipê conversar com minha mulher, Berta, e com minha sobrinha Cleonice, que lá estavam, perplexas, me esperando. Mandei Berta para a casa de Hermes Lima. Uma temeridade, porque punha em risco seu cargo de ministro do Supremo Tribunal Federal. Mas Hermes e Nenê a acolheram por uns dias.

Zé de Catão, meu amigo fiel, é quem foi buscá-la para levar de carro a Belo Horizonte, dali para o Rio e semanas depois para o Uruguai.

✦

Eu fui para o aeroporto, certo de que ainda tinha o Caravele da Casa Civil. Dei ordens de preparar o voo e esperei, vendo a atitude deferente, mas inativa, dos oficiais que lá estavam.

Afinal, veio um deles e me disse cordialmente que não havia mais avião da Presidência nem da Casa Civil.

Esclareceu, a meu pedido, que já estavam operando sob ordens de Costa e Silva. Quis danar-me, mas aceitei o conselho de sair, porque a ordem que eles tinham era de prender-me.

Fui para meu velho apartamento de reitor da UnB, desocupado havia tempos e empoeiradíssimo.

Vinha de um cansaço de 72 horas, dormi dez horas seguidas, até ser acordado por Zé de Catão e frei Mateus. Pediam que eu saísse, porque a tropa mineira já estava me procurando nas imediações.

Desci do apartamento com meus amigos e entramos no carro de Selma, uma bela mulher, grande amiga. Sentei-me a seu lado e dei a ela um revólver calibre 38 que me sobrava. Selma, gostando do brinquedo, passou para debaixo do vestido. Quando sentiu o aço frio que tocou suas partes, gritou: "Ai que frio!".

Fiquei dois dias em casa de minha amiga, sempre tenso, ouvindo os seus saltos na piscina e olhando, bestificado, sua imensa beleza. Um dia comentei que a calcinha dela não me parecia tão bonita. Selma se danou. Abriu gavetas e jogou mais de cem calças de sua coleção em cima de mim, para que eu deixasse de ser besta.

✦

No dia 4 de abril chegou lá meu queridíssimo amigo Rubens Paiva, para tirar-me do Brasil. Esse era o bravo Rubens, trucidado pela ditadura, especificamente pelo serviço de repressão da ditadura, creio que do Exército. Rubens era um homem muito forte, devem ter usado de violência extrema para quebrar suas forças e matá-lo.

Apanharam-no quando vinha do Chile, de uma visita que fez a Fernando Henrique Cardoso, a mim e a outros amigos exilados lá. Saíra de minha casa para pegar o avião. Levava uma carta que lhe entregaram e é possível que o tenham torturado até a morte para saber detalhes da organização a que era dirigida a carta. Ele não sabia.

Rubens Paiva havia conseguido que uma avioneta Cessna, de propriedade de Jango, pousasse no aeroporto de Brasília para apanhar a mim e a Waldir Pires. Combinaram com a torre nos deixar passar. Efetivamente, nos deram luz verde, mas nosso piloto queria autorização verbal, que não podiam dar sem se comprometer demais. Afinal, o forcei a decolar.

Fomos ter a uma fazenda de Jango em Mato Grosso, perto da Bolívia. Lá dormimos uma noite, olhando as coisas e conversando com os peões e carregando a avioneta com gasolina de caminhão e enchendo latas que levamos conosco.

Na manhã seguinte, um voo longuíssimo nos levou às florestas do lado paraguaio do rio Paraná, a um campo de pouso usado por contrabandistas. Lá, trasladamos a gasolina das latas para o avião e retomamos o voo. Várias horas mais voamos até alcançar Tauperi, já dentro do território uruguaio.

Havia uma forte tempestade elétrica que não permitia ir adiante. O piloto forçou um pouso entre ovelhas.

Por acaso, desembarcamos junto a um hotel de turismo, que tinha uma bela piscina de água quente. Eu e Waldir caímos na água, era um descanso de reis.

Mas aí nos chamaram. Um sargento uruguaio chegara para nos prender. Ao saber por Waldir que não éramos contrabandistas, que éramos perseguidos pedindo asilo político, sua atitude transmudou. Encheu-se do orgulho dos uruguaios como protetores de todos os perseguidos da América.

No dia seguinte conseguiu um carro que nos levou para Montevidéu.

Lá, bem instalado num hotel, fui procurado dois dias depois por Mario Cassinone, reitor da Universidade da República, única do Uruguai, orgulhosa de seus 150 anos. O reitor me passou um pito por não ter me apresentado logo à universidade e combinou uma entrevista em seu gabinete para contratar-me como professor de antropologia, em regime de dedicação exclusiva.

◆

Era o exílio, a nova vida que se abria à minha frente.

exílio

Em abril de 1964 me vi no exílio junto com Jango no Uruguai. Durante os primeiros anos pensei sempre que aquele seria um exílio de seis meses. Na verdade, foi longuíssimo, alongando-se pela Venezuela, Chile e Peru e me levando também em viagens de trabalho a muitos países europeus.

A opção de ficar na América Latina, recusando as oportunidades de ir para Paris ou Roma, foi a decisão mais sábia que fiz na vida. Ela me possibilitou a reconstrução de mim mesmo como intelectual. Na Europa teria continuado minha etnografia indígena como um mero etnólogo de gabinete e viveria sempre sob o risco de me converter num basbaque, como aconteceu com tanta gente. Em lugar disso, no Uruguai me fiz um brasileiro mais consciente e aprendi a ser latino-americano. Em consequência, hoje sou mais lido nos países da América Latina do que no Brasil.

O exílio me foi mais leve do que para muitos companheiro de desterro. Na semana em que cheguei ao Uruguai fui contratado pela Universidade como professor de tempo integral. Desde então vivi entrosado com os colegas e com a intelectualidade uruguaia. Colaborei no planejamento e na realização da Enciclopédia Cultural Uruguaia, dirigida por Angel Rama, e dirigi um Seminário da Reforma da Universidade do Uruguai, de que resultou seu programa e restruturação, o Plano Maggiolo.

Nos dez anos seguintes, com base na minha experiência na Universidade de Brasília e na Universidade do Uruguai, andei por toda a América Latina dirigindo seminários de reforma universitária e elaborando plano de reestruturação. Isto é o que fiz para as universidades nacionais da Venezuela, do Peru, e para a criação de novas universidades na Argélia e na Costa Rica.

No exílio prossegui também na militância política, tanto junto com meus companheiros brasileiros, especialmente Jango e Brizola, como junto aos governos latino-americanos que mais se esforçaram para romper com a dependência e com o atraso.

No Chile, trabalhando como assessor de Salvador Allende, me vi posto naquela terra de ninguém da vida social que é onde me sinto mais a gosto: entre a realidade da história de um povo numa instância de transformações revolucionárias, e a utopia concreta de seu próprio projeto de transfiguração.

Nunca participei de um empreendimento tão radical e tão generoso. Ali repensávamos com ousadia o mundo que era e planejávamos, ainda mais ousadamente, os mundos que deviam ser.

Allende tentava uma façanha equivalente à de Lênin como líder da Revolução Russa. Rompendo com os clássicos – que postulavam a revolução de Marx como o coroamento e a superação do capitalismo mais maduro –, ele procurava encontrar os caminhos do socialismo do atraso, através da ditadura do proletariado, que construiria o desenvolvimento econômico-social, onde o capitalismo fracassou.

A tentativa de Allende era ainda mais ousada. A partir da precária sociedade chilena, mas dentro de uma conjuntura histórica excepcionalmente favorável, ele buscava as vias da edificação do socialismo em liberdade, dentro de um regime pluripartidário.

Vale dizer que o socialismo que deveria florescer na França ou na Itália pela unificação dos seus grandes partidos de esquerda – o socialista e o comunista – queria medrar no Chile, pelas mãos de Allende. Nós, guiados por sua lucidez e temeridade, pensávamos o impensável até então, enfrentando, de um lado, a direita que conspirava e, do outro lado, a esquerda desvairada pela obsessão de converter a vida chilena no caminho cubano.

Mesmo hoje, passados tantos anos e depois do desastre, do assassinato de Allende e do drama em que mergulhou o povo chileno, continuo convencido de que ele teve uma boa chance de acertar. Suficiente para que tentasse. Afinal, só não erra quem jamais tenta acertar, e só acerta quem ousa, aceitando a margem de risco que sempre existe. O certo é que a direita chilena e a reação internacional, mancomunadas contra o Chile socialista, jamais tiveram dúvidas de que, sobrevivendo dois anos mais, Allende consolidaria o socialismo em liberdade, abrindo perspectivas para a revolução latino-americana.

Fracassamos, é certo, mas ficou como uma das façanhas maiores de nosso tempo – ao lado da ousadia temerária do Che, que dignificou as esquerdas que estavam todas burocratizadas – a lição inesquecível de que o socialismo em liberdade é alcançável e um dia há de concretizar-se. Com ele saltamos do funcionário da revolução ao herói histórico.

No Peru criei, com apoio da Organização Internacional do Trabalho e do Programa das Nações Unidas para o Desenvolvimento, o Centro de Estudos de Participação Popular destinado a ajudar a equipe de Sinamos, liderada por Carlos Delgado, a pensar a revolução peruana.

Nessa tarefa esteve engajado todo um amplo grupo de cientistas e de ativistas políticos, peruanos e estrangeiros. Queríamos nada menos que reverter as teorias e as práticas do planejamento governamental. Em lugar de projetar para o futuro as tendências naturais do crescimento da sociedade, procurando incrementar algumas delas, ou de propor a criação de polos de desenvolvimento, com a ideia de que eles ativariam áreas do país ou setores da economia, optamos pelo caminho oposto.

Com base na metodologia da experimentação numérica desenvolvida por Oscar Varsavky, queríamos colocar no computador um simulacro da população peruana com os índices de incrementos de todas as suas características mensuráveis, para construir com ele o modelo de um Peru desejável para o ano 2000, em termos de atendimentos das necessidades básicas de todos os peruanos.

Uma vez construído aquele ponto de chegada, retornaríamos à população existente em suas condições concretas de então, para ir desenhando as linhas de ação que lhe permitiria alcançar, passo a passo, aquelas metas.

Esse procedimento visava superar a ideologia cepalina do desenvolvimento pela industrialização substitutiva que, regida pelas multinacionais, resulta na recolonização industrial do país, como sucedeu com o Brasil. Em lugar da ilusão de que acumulando fábricas estrangeiras e grandes empresas agrárias de exportação acabaríamos reproduzindo a Revolução Industrial e alcançando o desenvolvimento autônomo – o que nunca deu certo em lugar algum –, nós prefigurávamos uma utopia concreta do atendimento das necessidades da população, compreensível para toda a gente, a ser alcançada através do seu próprio esforço, etapa por etapa, em termos de níveis de empregos, de fartura alimentar, de facilidades educacionais, de serviços de saúde, de moradias, recreação etc.

Nosso modelo cibernético de sociedade socialista lamentavelmente não pôde ser montado. Assim é que o mundo deixou de ver, por via de experimentação numérica, uma utopia computacional que permitisse jogar com números dentro de um computador – em lugar de jogar com pessoas dentro da história – para prever os efeitos das políticas sociais. Eu, que sempre achei muito mais complicado desmontar e remontar uma sociedade do que uma vaca, com a capacidade de mugir melhor e de dar mais leite, não me consolo de que não se tenha concretizado aquele experimento.

uruguai

O exílio é uma experiência terrível, sobretudo para brasileiros. Temos um país tão grande e variado, tão cheio de sumos, seivas e cores, que ser tirado daqui é um desterro. Para todos os exilados, exílio é sofrimento.

Mais talvez para Jango, desmontado da Presidência, posto a abrir uma fazenda nova em Tacuarembó, a duzentos quilômetros da sua, do outro lado da fronteira, que ele não podia visitar.

Acordava às quatro da madrugada para o trabalho mais duro, que é esticar aramados novos, só com seus peões. Nos fins de semana, gostava de ir, às vezes, ao cassino, jogar um pouco. Um infeliz se danou, dizendo que era um abuso. Eu contestei: "O dinheiro é dele. Não é abuso nem é doença. É solução".

Muita foi a dor de Djalma Maranhão, ex-prefeito de Natal, que queria ouvir sua cidade em um radiozinho de pilha e morreu de tristeza.

Alguns companheiros e companheiras suicidaram-se por não suportar o exílio no meio de gente estranha, cordial, mas fria. Eram desterrados. Expatriados.

Para mim o exílio foi ruim, mas suportável. Na primeira semana, fui visitado pelo reitor Mario Cassinone no hotel. Ele reclamou que eu não me apresentasse logo. Afinal, eu era gente da Universidad de la República. Nomeou-me imediatamente professor de antropologia, depois encarregou-me de presidir o seminário de reformas da universidade.

O seminário foi a tarefa mais gratificante que tive. Já funcionou sob a regência do reitor Maggiolo, porque Cassinone tinha morrido. Eu o organizei com base na estrutura da Universidade de Brasília, dividindo os 45 professores e estudantes avançados que dele participaram em três grupos: ciências básicas e humanidades, faculdade de tecnologia aplicada, órgãos complementares.

Abri o seminário com umas cinco conferências sobre as estruturas das universidades, comparando-as e a opondo ao projeto da UnB. Seguiram-se análises, feitas por professores, sobre cada uma das carreiras, o que obrigou cada um e todos a participar da análise e da discussão de cada componente da universidade.

Minhas conferências introdutórias foram publicadas num texto resumido, muitas vezes editado em vários países da América Latina. Acabaram sendo publicadas na íntegra no meu livro *La Universidad Latinoamericana*, editado na Venezuela, no Chile e no México, cujas edições brasileiras têm o título *A universidade necessária.*

Nele estão as minhas ideias, geradas na invenção de Brasília, aprofundadas pelas meditações do exílio e pela experiência de reforma das universidades do Uruguai, da Venezuela e do Peru.

Dei aulas, por anos, na faculdade de humanidades. No primeiro ano, me comoveu muito o incômodo de ver o velho professor Petit Muñoz, diretor da faculdade, assistir a todas as minhas aulas. Mas ele lá ficou, fiel, dizendo que gostava. Deviam ser boas aulas, porque aumentava sempre o número de alunos, sobretudo de alunas belas.

Dava minhas aulas no maior silêncio que tive na vida. Sabia-se que, perdendo uma palavra que fosse do meu portunhol, a frase desabaria. Nunca tive alunos tão atentos.

Eu também prestava atenção neles, sobretudo nelas. Dali saíram meus amores uruguaios. Emília me civilizou. Me ensinou a ser decente quando, depois de nossa primeira transa, procurou o marido, disse tudo a ele, esperando que eu fizesse o mesmo. É a dignidade uruguaia. A decência de um amor está em que ele é encarado como o início de uma relação que pode dar no casamento. Conduta de um país que tem um século de divórcio. O contrário da brasileira, que nos obriga a amores clandestinos, que ninguém quer ver devassados, sobretudo as mulheres. Principalmente para seus maridos.

Amei Emília largada do marido por anos e tive dela banhos de ternura pura e impura, que me dão muita saudade.

Tive outros amores. Uma aluna, bonita como uma flor, tinha os lábios com um debrum externo que os ressaltava. E com aquela boca toda ria e beijava como ninguém. Dava aulas numa creche e um domingo fizemos tanto barulho entre as mesinhas e banquinhos das crianças que os vizinhos chamaram a polícia. Pensavam que era ladrão.

Mais amores tive, "gracias a la vida / que me ha dado tanto...".

Também tive muitos alunos bons. Inclusive Renzo Pi Ugarte, que se fez antropólogo profissional, traduziu livros meus e foi meu assistente no Peru.

Como se vê, meu longo exílio uruguaio, se não foi de flores, também não foi de espinhos. Nunca vivi um período tão fecundo na vida. Entrei logo em convivência com intelectuais uruguaios, sobretudo o grupo da revista Marcha e os amigos de Ángel Rama e de Eduardo Galeano, um meninão já jornalista profissional.

Junto com eles planejei e produzimos uma bela e lúcida Enciclopédia da cultura uruguaia, que me permitiu tomar o pulso da intelectualidade do país.

A enciclopédia foi produzida semana após semana e vendida nas bancas. Lá estava para os leitores um volume do tamanho de uma revista comum sobre uma época da História ou sobre um tema uruguaio e outro volume com textos da época, um livrinho.

Produzir tudo isso em frequência acelerada durante um ano inteiro, com colaboradores que entregavam previamente a sua parte, e equipe gráfica que ilustrava cada unidade da melhor maneira possível, foi façanha nunca vista por mim. Muito difícil de repetir-se em qualquer parte.

Meus amigos mais chegados de então eram Domingo Calevaro, meu querido Mingo, que eu chamava Mongui, secretário da universidade, e toda a família Manuel Sadoski. Sua admirável mulher, Cora, a argentina mais inteligente e lúcida que conheci. Sua filha Corita, bela, transida de lucidez, que eu admirei e amei apaixonadamente. Corita é matemática do mais alto talento, alcançou façanhas como a de publicar artigos na revista Summa e até na Summa Summa, que é o mais alto que há na matemática mundial.

Como queria ficar no Uruguai, inclusive para namorar comigo, fez com que um dos maiores matemáticos da América Latina saísse de sua universidade americana para passar três meses com ela, a fim de ajudá-la a escrever um artigo sobre algum tema matemático que eu nunca consegui saber o que era. O espantoso para mim é que o tal artigo foi publicado com o nome de Corita seguido do de seu mestre. São coisas da matemática, impossíveis nas humanidades.

Nas primeiras semanas do meu exílio uruguaio, recebi um gesto inesperado de solidariedade dos meus colegas norte--americanos. Foram me visitar Clifford Evans e Betty Meggers. Eles haviam conseguido para mim uma bolsa da Smithsonian de 2.500 dólares mensais, com direito a uma secretária de meio dia e trânsito livre na Biblioteca do Congresso, para ali acabar a redação de minha obra etnográfica. Agradeci comovido, mas disse a eles que ninguém compreenderia que eu, segundo homem do governo derrubado, recebesse um prêmio desses. Pensariam que durante a minha ação política estivera com os norte-americanos me custeando.

Atravessei bem os quatro anos de exílio e confinamento. Ao chegar, me deixaram ir duas vezes à Europa com passaporte uruguaio. Na primeira vez, fui conversar com JK junto com San Tiago Dantas, que fora do Rio a Paris ao nosso encontro.

Queríamos convencer Juscelino a renunciar também à sua candidatura, como Jânio e Jango faziam, apesar de seus direitos constitucionais. O propósito era forçar a ditadura militar a convocar eleições diretas para evitar a eleição de Lacerda.

Para JK a coisa era impensável. Ele achava que chegara a sua vez. A ditadura, como se sabe, em lugar de eleger Lacerda, consagrou o próprio Castelo Branco como presidente militar.

A conversa foi ruim. A certa altura JK me perguntou a idade de Jango, só para dizer que dentro de dez anos ele ainda seria mais jovem do que Juscelino era então. Isso representava sua negação a qualquer trato. O tolo não sabia nem imaginava que logo depois seria cassado, ele também.

A principal conversa com ele foi no restaurante do Hotel Henri IV. Ali o vi, ao chegar, ser saudado pelos presentes, que levantavam a bundinha e diziam discretamente: "Monsieur le président".

Eu senti naquela hora o efeito de Brasília. Sua construção rapidíssima e sua altíssima qualidade urbanística, sobretudo arquitetônica, espantaram o mundo. Tornara o Brasil presente, como uma coisa nova, viva aos olhos da burguesia europeia.

Dessa viagem só é mesmo recordável um grande almoço que San Tiago comeu comigo no Grand Vefour, o melhor restaurante de Paris. Começou dizendo que eu sabia que ele tinha razões para despedir-se, queria por isso voltar àquele restaurante, que era o melhor e tinha nos vidros pinturas que recordavam Ouro Preto.

Marcou para três dias depois o nosso almoço, porque precisava se preparar para ele, tomando cortisona.

Lá fomos afinal. O maître veio atender San Tiago e se surpreendeu quando ele pediu que nos servisse os quatro grandes pratos do dia, sucessivamente, para duas pessoas, pondo e repondo a mesa de cada vez. A seguir, veio o sommelier, que combinou com San Tiago que vinhos servir, um para cada prato, e alterou a ordem dos pratos para que pudéssemos apreciá-los bem.

Começa então o gozo e o doce suplício de ouvir o tilintar dos cristais e louças pondo e repondo a mesa. Ver o garçom chegar com uma terrina, abrir debaixo do nariz de San Tiago para ele sentir o odor, levar para outra mesa, servir um pouco no meu prato e no prato dele. O vinho vinha trazido por outro garçom num berço, envolto num guardanapo, que entreabria para que San Tiago visse a velha etiqueta. Servia cuidadosamente, nós provávamos e começávamos a comer e a beber. Antes de acabar o prato, San Tiago decidia parar, me dizendo: "Não mais. Temos que guardar o apetite!".

Fazia sinal para que tirassem o prato e o vinho que eu via, sofrido, saírem para longe de mim, mal tocados, para esperar que tudo se repetisse uma vez mais. Ao fim, estávamos só nós dois, porque toda a gente que queria almoçar ali já tinha saído. Os garçons formavam uma meia-lua à nossa volta, olhando aqueles selvagens, pensando provavelmente que seríamos árabes, porque só eles andam tão cheio de dinheiro fazendo extravagâncias desse tipo.

Lembrei a San Tiago, ao fim, que deviam ser fantásticos os queijos. Ele se excitou e me disse: "Você não faz ideia, Darcy. É a coleção melhor do mundo. Vamos pedir!".

E pediu o *fromages assortis*. Veio de novo o sommelier para combinar um outro vinho. San Tiago tinha me dito que o vinho seria tal, assim assim, porque era o principal dos grandes vinhos e era a melhor safra dele. O sommelier deu a volta sobre si mesmo como o planeta Terra, numa rotação completa, e, afinal, disse que o vinho era tal e tal. É pena que eu não me lembre dos nomes.

San Tiago fez um muxoxo e permitiu-se discordar do sommelier, dizendo: "Nós não tomamos tal e tal e tal vinho! Agora, qual é o vinho mais capaz de reacender nossa boca? Não será o vinho tal, da safra tal?".

O homem, ofendido, disse: "Commandez vous, Monsieur".

Ele não daria a ordem, mas San Tiago podia dar, pedindo aquele vinho que queria. San Tiago caiu em si, pedindo as razões do sommelier. Ele disse que estava preocupado porque, sendo nós brasileiros, como estaria nossa boca depois, para o café?

Ou seja, San Tiago pensava no antes e o sommelier pensava no depois. Aí concordaram, mas, para San Tiago deixar de ser besta, o restaurante mandou um *boy*, que encontramos na porta do hotel, com a garrafa do grande vinho, oferecida a San Tiago.

Ainda nessa quadra de homem livre, armado de passaporte uruguaio, fiz outra viagem. Fui a Cuba convidado por Raulito, que havia sido embaixador no Brasil e voltara a seu país. Saímos de Paris para Praga e de lá para Murmanski, onde nos esperava um imenso avião militar, trêmulo como se tivesse maleita, no campo de aviação, a quarenta graus negativos. Pensei que ia morrer ao passar do aeroporto para o avião. Entramos. Era como uma sala de visitas, com poltronas isoladas, afastadas umas das outras, móveis, para que se pudesse conversar em diferentes grupos.

Éramos alguns oficiais e poucos civis soviéticos, Raulito, eu, Piñeiro e uma outra pessoa que não identifico. Sobrevoamos o polo num voo direto Murmanski-Havana. Eu achava que saía de um liquidificador, que havia estourado todas as minhas vísceras, tal era o tremor do avião.

Fiquei hospedado numa casa destinada a hóspedes especiais. Ali tinha um cozinheiro excelente. Comia-se muito bem e havia uma coleção de vinhos na adega que era realmente extraordinária. Eu é que não tinha boca nem talento para tais vinhos.

Importantes foram duas conversas que tive, uma de atravessar a noite, com El Che, outra com Fidel, numa manhã de domingo.

A conversa com Che, cordialíssima, na cobertura do edifício onde ficava seu ministério, cheia de livros e de objetos pessoais dele, foi também duríssima.

Ele não se arredava da ideia de que só a guerrilha levaria à revolução. Tratava-se de ter peito para as primeiras semanas. Depois a coisa fluiria, como se fosse um canal, da serra ao poder.

Eu insistia na ideia contrária, de que havia, ao menos para países como o Brasil, outros caminhos, mais eficazes.

Che me ouvia em silêncio, rindo maldoso seu belo riso, e voltava à teoria de um núcleo de fixação, de uma provocação irresistível, que obrigasse as Forças Armadas a enfrentar guerrilheiros dissimulados, fazendo-as perder pequenas batalhas, e que tornasse viável a marcha ao poder.

Sempre me lembrarei dessa conversa com Che Guevara. Ele, suave e duro como ninguém. Eu me desmanchando, palavroso, em argumentações.

A segunda conversação importante que tive foi com Fidel, numa praia próxima a Havana, aonde cheguei cedo e esperei várias horas por ele. Afinal chegou, vestido num pijama de lã com tornozeleiras, chuteiras, luvas, o diabo – o instrumental do futebol norte-americano. Suava como o demônio e também fedia.

Pensei cá pra mim: "Deve ser por isso que o chamam de El Caballo".

E ali mesmo sentou-se e começamos a conversar. Repetiu-se o mesmo diálogo que tive com Guevara. Cordial e mais firme ainda, Fidel expondo suas convicções e eu ponderando que um certo componente político era indispensável, mesmo para viabilizar a guerrilha.

A certa altura Fidel se exasperou. Foi quando eu falei de Moncada como passo prévio, indispensável para que se chegasse à guerrilha vitoriosa. Fidel gritou, se bem me lembro: "Yo fui un asesino, un asesino, maté ochenta compañeros. Los llevé a la muerte. Los asesiné. Si los hubiese llevado a la Sierra habríamos tomado el poder!".

Vi então que não podia convencê-lo nem ele convencer-me. Também não estava muito certo de que tivesse razão. Assim é que, quando El Che foi para o Peru criar seu ponto de provocação para fazer funcionar a mecânica da guerrilha, eu o apoiei inteiramente. E lhe dei toda a solidariedade quando morreu.

Minha sensação foi de uma perda terrível. Apenas ganhávamos sua imagem de santo. Em lugar de um herói novo vitorioso, de que precisávamos tanto, tínhamos um mártir, um novo Cristo, com aquela bela cara sofrida que ganhou grandes massas da juventude para uma atitude revolucionária.

Só andei em Cuba discretamente. Mesmo porque andava num Cadillac enorme que chamava muita atenção. Comi num restaurante que servia um feijão muito bom com carnes, tudo muito à brasileira. Lambi dois sorvetes num outro lugar célebre.

Minha outra saída foi para comer fora uma lagosta de onze minutos, que foi a melhor que comi na vida.

Voltando de Cuba, passei uns dias em Moscou. Como não vim ao mundo só para divertir-me, além de algumas conversas sérias andei pela cidade prodigiosa, que eu não conhecia, vendo detidamente o belo rio, com seus pescadores na margem ajardinada e com seus remadores na correnteza. Vi o celebrado metrô, que, aliás, é feiíssimo. Moscou me espantou principalmente pelo que espanta a todos: o Kremlin. Foi impossível não ver os milhares de quilômetros de prédios e apartamentos feitos pela mesma mão, feiíssimos. O Kremlin, ao contrário, é obra única no universo. Indescritível. Até o Teatro Bolshoi, moderno e belo, foi posto numa quina, tão escondido que não afeta a visão da cidade milenar. Vi o balé. Gostei, sem capacidade de apreciar a maravilha que será para olhos mais adestrados.

Gostei também de reunir-me com a *nomenclatura* no andar de cima, onde se toma champanhe e se come caviar.

Gastei um dia visitando a universidade. Feia como um bolo de noiva, detalhadíssima, mas dentro tem amplos corredores e laboratórios fantásticos. Foi lá que Stalin realizou seu grande feito: subornar os cientistas para que lhe dessem a bomba atômica, o que conseguiu em três anos e, com um ano mais, a bomba de hidrogênio. Assim a Rússia, encurralada pelas bombas que Truman explodiu no Japão para assustá-la, voltando a ter capacidade de represália, tornou a ter voz.

Contei a meu acompanhante uma anedota que correu no Ocidente sobre o referido suborno. Era tanto dinheiro de seus salários que os cientistas, além de comprar carros e dachas, faziam puras besteiras como a de Zakharov, que, sem pensar nas consequências, comprou, para sua namorada, uma calcinha francesa de seda com uma rosinha bordada ao lado.

A inveja das outras meninas foi tamanha que houve quem pagasse 5 mil dólares por outra calcinha.

As conversas políticas foram com quadros russos especializados em América Latina. Sabiam tudo de nós. De mim só queriam saber como conseguimos perder o poder, assunto que me vexa muito demais. Adiantaram que estariam atentos, vendo levantar-se a reação contra a ditadura e a retomada do poder.

Quando tivéssemos êxito, eles não seriam os últimos a reconhecer nosso governo.

Melhor foram as conversas com gente da Academia de Ciências. Tinham lido livros meus e me sondaram para ver se me interessava um contrato de um ano em Moscou.

Voltando a Montevidéu, vi que todo o ambiente transmutara-se. O governo uruguaio, pressionado pela ditadura brasileira, decidiu internar a mim e ao Brizola.

A ele fizeram viver num apartamento de uma praia frigidíssima no inverno, até que comprou um campo com uma casa modestíssima, onde foi viver com a Neusa.

Eu, sendo professor da universidade, fiquei confinado em Montevidéu, com um carimbo posto no passaporte dizendo que o portador, saindo do país, não poderia retornar.

Eu me tornara um apátrida, essa condição aterrorizadora para as empresas de navegação e aviação, que, o aceitando, correm o risco de passar anos com o passageiro a bordo, sem que ele possa desembarcar em porto algum.

Naqueles anos, eu não pude ir nem mesmo a Buenos Aires, a vinte minutos de distância. Nem aos outros centros urbanos argentinos, como Córdoba.

Ali grupos de intelectuais com que eu me afinava muito faziam uma revisão do marxismo de Engels à luz dos textos recém-publicados do Grundrisse, do próprio Marx. Desses papéis surgiu um marxismo oposto, muito mais explicativo da evolução histórica.

Meus primeiros meses de exílio foram desesperantes, tanto que eu ocupava quase todo o meu tempo lendo livros de ficção científica para alimentar a fera de minhas frustrações. Li centenas deles.

Também ia à casa de Brizola participar do circuito paranoico do exílio. Uns dez homens coexistiam ali, tensos, falando de um contragolpe que se tornava cada vez mais inverossímil.

A notícia de uma placa que caíra de uma loja em Porto Alegre logo de manhã, ao fim da tarde se tornava uma placa de Brasília que caíra na cabeça de um coronel.

Brizola me disse uma vez e repetiu várias vezes: "Veja, Darcy. Nós estamos com um canhão apontado aqui, esperando o barco passar para derrubá-lo. Mas o barco já está chegando na área de tiro e vai passar e nós não temos o canhão pronto".

Assim, de uma forma gráfica, como costumava fazer, ele expressava a frustração de todos nós.

Ocorriam ali coisas bizarras. Por exemplo, um dos companheiros chegava toda tarde, dizendo que tinha certeza de que uma pessoa o seguia. Era polícia uruguaia ou brasileira, o cara tinha jeito de uruguaio, mas o seguia até perto da porta da casa do Brizola. Disse que a nós todos deviam estar nos seguindo também, mas nós não prestávamos atenção, não víamos.

Um dia chegou sem falar do tal policial. Perguntamos e ele revelou: "Que nada, era uma bicha uruguaia!".

Outro companheiro, um intelectual competente, foi visto na principal avenida de Montevidéu fazendo gestos rápidos e largos como se agarrasse alguma coisa com a mão direita, depois com a mão esquerda. Quando alguém se acercou e perguntou o que é que ele estava caçando, disse: "É um gurupá".

O cara perguntou: "O que é isso?".

Ele respondeu: "Não sei. Ainda não peguei nenhum!".

Essas eram as histórias que corriam, atribuídas a uma pessoa ou a outra. Um dia fui procurado em minha casa por um sargento exilado como todos nós, seguido de um companheiro dele, de cara fechada e um olhar de ódio incontido para mim. Mandei sentar e perguntei o que era. O sargento logo se queixou: "Esses imbecis querem que eu fale com o senhor. O senhor não entende nada de armas. Uma bobagem. Mas, como a regra é essa, estou aqui para falar".

Mandei que ele falasse. Ele perguntou: "O nosso problema é ou não pôr a mão nas armas?".

Eu disse: "É, de fato precisamos de armas".

"Pois é. Pois é coisa nenhuma, eu sei como conseguir as armas, eu posso conseguir cinco metralhadoras muito boas, mas querem que eu fale com o senhor!", respondeu ele.

Ele explicou que o plano era, junto com os companheiros, assaltar a guarda do presidente da República, que andava molemente com a metralheta debaixo do braço, em cima do braço, muito desleixados. Passei o pito mais severo que podia, mostrando a loucura que seria atacar a guarda presidencial do país que nos abrigava como exilados. Saíram bufando, raivosos.

Outra besteira desses sargentos e cabos foi invadir a embaixada da Iugoslávia exigindo asilo, porque queriam ir para a Europa. Tive que ir lá a pedido do Ministério das Relações Exteriores. Disse a eles que só não estavam presos porque eu interferi, pedindo que os deixassem sair. "Isso é besteira. A Iugoslávia não tem asilo. Asilo é uma instituição latino-americana."

O Uruguai, porém, foi para mim um exílio fecundo. Lá, nas longas horas que o exílio nos dava, estudei e escrevi muito. De fato, não tendo família que cuidar, nem velhos amigos que receber e visitar, nem obrigações sociais, tipo batizado ou casamento, nem mesmo ativismo político, a sobra de tempo era imensa, para espreguiçar ou para trabalhar. O ambiente intelectual do Uruguai e da universidade era muito estimulante.

E eu tinha gente como Sadoski e Cora, que ouviam pacientemente a leitura de meus textos. Foi também muito útil a biblioteca pública, onde encontrei toda a bibliografia que podia desejar sobre a América Latina.

Lá escrevi a primeira versão de *O povo brasileiro*, que abandonei para escrever uma teoria explicativa do Brasil, indispensável para que nossa história fosse compreensível e explicada.

Resultou nos seis volumes de meus estudos de antropologia da civilização, todos escritos ou esboçados lá. Completei no Uruguai *O processo civilizatório* e *Os índios e a civilização*, livro que eu me devia fazia muitos anos. Lá também, para descansar do duro trabalho de elaboração desses livros teóricos, vi nascer a primeira versão de *Maíra*. Qualquer hora conto como foi.

Ao fim de quatro anos de confinamento em Montevidéu, eu não aguentava mais. Queria fugir de qualquer jeito. Cheguei até a negociar minha ida por dois anos para a China, a fim de escrever um livro sobre a Revolução Chinesa, que eu via e vejo como a mais importante da História humana. Meu plano tresloucado era ler uma dezena de sábios chineses através de intérpretes: arqueólogos, historiadores, geógrafos, cientistas sociais de todos os naipes. Com o saber chupado deles, de sua visão do que foi e é a China, inventaria a China do presente e do futuro. O plano chegou a ser aprovado pelos chineses, através de um contato brasileiro, o comunista Amaurílio Vasconcelos. Ia receber um *laissez-passer* e voar quando mudei de ideia.

Lendo as notícias dos jornais brasileiros sobre a Marcha dos Cem Mil, no Rio de Janeiro, eu me perguntava o que é que eu estava fazendo no Uruguai, se os meninos estavam oferecendo os corações às balas.

Contra a opinião de todos, especialmente de Jango e Brizola, que achavam aquilo uma temeridade, voltei.

Chamei meu advogado, Wilson Mirza, e só pedi que avisasse a ditadura que eu iria desembarcar no avião tal, à hora tal, no aeroporto do Galeão. Não queria ser preso pelo oficial de dia, e sim pela ditadura, se essa fosse sua resolução. Mirza também desaconselhava, mas homem bravo que é, sentou-se a meu lado e voamos juntos.

No Rio, passei pelo aeroporto só com a advertência de que deveria procurar, no dia seguinte, a Ordem Política e Social. Fomos lá e eu respondi a um questionário tolo, com sins e nãos.

Instalei-me com Berta num apartamento emprestado, porque o nosso estava alugado, e vivi quase três meses feliz. O episódio melhor foi, talvez, a recepção que me deram Darwin e Guguta Brandão. Sentei-me ao lado de todos, um por um, bebendo uísque, numa alegria incontida, inclusive ao lado de Maria Bethânia, que afastou sua namorada de mim.

Eu não sabia a razão daquela alegria toda em que eu espumava como se fosse champanhe. Vi depois que ela vinha do burburinho de tanta gente falando e rindo em português. Era encantador para meus ouvidos de exilado.

prisão

Aceso das alegrias da volta e constituindo novidade, porque era o primeiro cassado e exilado de certa eminência que voltava, eu me esbaldei na imprensa. Dei longas entrevistas a jornais e revistas falando bem do governo deposto e falando mal da ditadura. Meus amigos advertiam: "Isso não se faz na ditadura, Darcy. Ninguém fez isso aqui".

A reação militar, que fora tranquila a meu retorno, foi áspera contra minhas falas. Certa manhã, o general comandante do Primeiro Exército mandou um oficial com tropa armada me prender no apartamento em que eu me instalei, na rua Tonelero. Consegui convencer o oficial de que não valia a pena prender-me, porque era ilegal e porque eu resistiria fazendo escândalo. Sugeri que ele próprio confirmasse a ordem com o general, porque milico não pode prender civil só porque quer.

Falei em seguida com o meu advogado, Wilson Mirza, e combinei irmos juntos me apresentar ao Superior Tribunal

Militar. Quem o dirigia era o célebre general "vaca fardada". Era Mourão que, tendo desencadeado o golpe de 1964, foi varrido por seus colegas com um golpe de patente. Costa e Silva tomou o Ministério da Guerra na marra, só porque era mais antigo.

Eu conhecia Mourão havia tempos. O vi até pelado e apavorado no Xingu, por ordem de Assis Chateaubriand, que fizera todo o grupo de visitantes que levara para conhecer os índios – embaixadores, diretores de multinacionais – se desnudar.

Chatô dizia: "Nessa terra nós é que estamos nus. O decente aqui é andar pelado como esse pai da pátria", e mostrava o índio com quem estava abraçado. Mourão não queria tirar a roupa, dizendo que Lott não admitiria um general pelado.

Entramos na sua sala de presidente do STM e Mirza argumentou sobre a legalidade duvidosa de minha prisão. Mourão se assustou muito. Nos fez sair pela porta dos fundos e convocou, no dia seguinte, todos os juízes militares para resolver a questão. Decidiram que general comandante podia, na sua região militar, prender qualquer civil, mesmo porque se vivia um tempo revolucionário.

Não foi assim. Mirza apelou para o Supremo Tribunal Federal, que discutiu a questão. Ouviram um general mandado lá para dizer que eu era homem da maior periculosidade, que não podia transitar conspirando, e que isso era uma ofensa à revolução. O STF decidiu que milico não pode mesmo prender civil só porque quer. A situação ficou feia.

Continuei livre, mas seguido e vigiado, o que não me incomodava demais. Assim visitava os amigos, percorria as livrarias, conversava com editores e até recebia homenagens.

A melhor delas, como lembrei, foi na casa de Darvin Brandão e Guguta, onde reaprendi a viver cercado da alegria borbulhante dos brasileiros.

Sobreveio então o AI-5. Mirza e outros amigos se assanharam, me aconselhando, peremptórios, a sair do país urgentemente. Eu não admitia voltar com minhas pernas para o exílio.

Fui preso no dia seguinte à edição do ato, que tinha um artigo redigido especialmente para mim, autorizando general a prender civil. Preso, fui mandado primeiro para o batalhão blindado do Rio.

Lá, um comandante integralista me pôs numa prisão de soldados, fétida de dar medo, que logo se encheu de subversivos. O cagador era exposto – consistia em dois ressaltos de cerâmica para pôr os pés e um buraco estrategicamente situado, além de uma torneira na parede que gostava de negar água.

Fiquei ali três dias até ser mandado para o clube dos cabos, que era uma sala de meia parede com duas mesas de pingue-pongue e uma cama de campanha para mim. Tinha acesso a um banheiro aceitável. Ali passei o Natal alegre dos cabos com suas famílias, apavorado com as garrafas de Coca-Cola que eles jogavam por cima da parede, junto com pedaços de bolo. Eram quilos de solidariedade que me agradavam, mas perigosos demais. Podiam me quebrar a cabeça.

O bom foi me darem um bloco grosso e uma esferográfica, com que me diverti muito. Escrevi ali a segunda versão de *Maíra*. Sem as antigas anotações, tive que reinventá-lo.

A situação foi ficando ruim. Eu preso, Berta sem poder trabalhar. As reservas esgotadas. Vendemos dois terrenos em Brasília. Raspamos o fundo do tacho das ações de banco que me restavam.

O pior foi saber, depois, que Berta vendera sua máquina de escrever. Transcrevo adiante as cartas que ela escreveu para a máquina, prometendo recuperá-la quando eu, livre, arranjasse emprego:

Despeço-me hoje de minha máquina. Trabalhei com você dez anos – 1947-57. Conheces toda a obra do Darcy, todo o conteúdo de minhas cartas. Gostaria de não me separar nunca de você. Adeus, maquininha querida. Rio, 14 de novembro de 1957.

Despeço-me hoje de minha máquina. Viajamos juntas, ainda vejo na capa os rombos causados pelos galhos na viagem aos Ofaié. Fiz-te trabalhar noite e dia. Talvez descanses mais agora, mas ninguém gostará de você mais do que eu. Conheço todas as tuas manias. Mesmo assim, às vezes não te entendo. És Remington Rand, semiportátil, modelo 5.

Que o seu novo dono a trate bem. Precisas de azeite e uma limpeza geral. Quem sabe, se o Darcy voltar ao serviço eu a recupere. Adeus. Gosto muito do seu tipo de teclado e de sua música.

imagens do turbilhão

João Goulart, Hermes Lima, Darcy Ribeiro e outros durante reunião com secretários de educação dos estados brasileiros em setembro de 1962.

João Goulart, Darcy Ribeiro, Evandro Lins e Silva e outros durante cerimônia de posse como chefe do Gabinete Civil da Presidência da República em 22 de janeiro de 1963.

João Goulart, Darcy Ribeiro, João Pinheiro Neto e outros durante cerimônia de entrega de sementes a lavradores no Palácio do Planalto em 8 de novembro de 1963.

Manifestação popular em apoio ao Governo João Goulart em 1964.

Darcy Ribeiro, João Goulart e Maria Teresa Goulart durante comício na Central do Brasil, Rio de Janeiro em 13 de março de 1964.

Darcy Ribeiro entrega ao Presidente do Congresso Nacional, Auro de Moura Andrade, a última mensagem presidencial de João Goulart, em 15 de março de 1964.

Darcy Ribeiro e Pompeu de Souza em solenidade oficial no Distrito Federal em 30 de março de 1964.

Tanques do Exército se posicionam no Rio de Janeiro durante o golpe militar, em 1 de abril de 1964.

Mobilização policial no Rio de Janeiro durante o golpe militar, em 1 de abril de 1964.

"Marcha da Família com Deus pela Liberdade", realizada no centro da cidade do Rio de Janeiro em 2 de abril de 1964.

Darcy Ribeiro durante o exílio no Uruguai.

Darcy Ribeiro abraça sua mãe quando chega do exílio pela primeira vez, em 1968.

Darcy Ribeiro, entre outros, durante o lançamento de seu livro *O processo civilizatório* na sede da Faculdade de Economia Cândido Mendes, em 18 de outubro de 1968.

Darcy Ribeiro com Olímpio Mourão Filho, em 7 de novembro de 1968.

Darcy Ribeiro em sessão em que foi julgado pela Auditoria da Marinha, no Rio de Janeiro, com seu advogado Wilson Mirza, em 18 de agosto de 1969.

Darcy Ribeiro, como Senador da República, discursando no Senado Federal, em 1991.

prisão de soldado

É sabido que tenho mania de registrar eventos. Escrevi diários, escrevi também relatos, inclusive um em que descrevo o dia a dia rotineiro e de interrogatórios da minha prisão, num batalhão do Exército. Transcrevo, a seguir, algumas páginas.

◆

Afinal, conseguiram prender-me. São 5h30 da tarde. A cela é grande, fria e fedida. Uma porta de ferro. Duas janelas engradadas, de vidros opacos nos cantos correspondentes à esquina do quartel. Um buraco na parede de onde, suponho, sairá água se se abrir a torneira. A privada nem tem vaso. Tem um ressalto para pôr os pés, agachar-se e obrar sobre um rego de água com creolina. Há também um balde de água num canto — nem sei para quê. Provavelmente, a descarga não funciona. Não há pia. A cama é de ferro, com um colchão de capim. Destacam-se, porém, a mesinha de fórmica em que escrevo agora e a cadeira desengonçada em que estou sentado.

Lá fora, no quartel, gente fala alto, com alarido. Há também o ruído de carros freando, de buzinas e de uma sirene sonora, provavelmente dos trens que passam perto. Longe, vejo o prédio do Museu do Índio, que fundei há tanto tempo e dirigi por tantos anos.

A conversa com o tenente e os milicos que me trouxeram foi cordial. Eles estavam surpresos, aparentemente porque despreparados para me ver acompanhá-los no próprio carro do Exército em que vieram. Acabo de falar, pela primeira vez, de dentro das grades, com gente que está lá fora – quer dizer, livre. Eram um militar da unidade e seu capitão. O rapaz, que é um nisei, contou que hoje seria o orador de sua turma no curso de pós-graduação da PUC. O outro é, suponho, ex-militar, foi sargento. Aprendi que cabo e sargento têm marcas nos braços: duas listras para cabo, três para sargento. Oficiais têm estrelas nas ombreiras: uma para primeiro-tenente, duas para segundo, três para capitão e de major para cima há estrelas especiais, que ainda não sei como são. Aprenderei.

O tenente e o capitão foram cordiais, tal como o militar com que falava antes. Lá de cima o oficial (seria o tal coronel?), a quem eu deveria ser apresentado, me olhava com um olhar malvado. Era o que eu havia visto mordendo as unhas na sala, ao entrar. Voltou-se para mim, dizendo por gestos que devíamos sair. Na sala dele, sentei-me numa cadeira, com um sargento ao lado e diversos soldados ao redor. O sargento que me prendeu transferia-me, com duras palavras, a um outro tenente, que desceu comigo até aqui.

No trajeto houve um quid pro quo. Eu fiquei aguardando, provavelmente para decidirem a cela onde agora estou. Não houve demora. Tudo foi rápido. Não tanto, porque um sargento, plantado ali ao lado, recolhia uma caixa de selos. A uma ordem sua, um soldado levou a metralhadora e as balas para outro lugar enquanto eu, sentado, observava.

Não me sinto bem nem mal. Estou tranquilo. Não podem me fazer mal maior que manter-me aqui, segundo creio. E acho que será suportável. Quando aqui cheguei, sabia que uma das possibilidades era a prisão. Mas estava convencido de que estando aqui na cadeia, ajudo mais do que no exílio. Esta é também, agora, a minha convicção, apesar de todos os meus amigos, ou quase todos, pensarem o contrário. Acham que eu estou desgastando minha postura. Estão perplexos com a ideia de que, tendo possibilidade de ir para a França, prefira estar aqui nestas condições.

De qualquer modo, estou enfrentando uma experiência nova, que enriquecerá minha visão do mundo. Vamos ver no que dá isto. É muito cedo para julgar. Afinal, só tenho trinta minutos de cela.

Meu compromisso hoje seria comparecer à formatura dos economistas da Universidade Federal do Rio de Janeiro, de que sou patrono. Na próxima semana, eu seria patrono de direito na Universidade de Brasília e paraninfo de todas as turmas. Todo ato é adiável. O mais improvável era estar aqui.

Olhei melhor a cela. É uma cadeia para soldados relapsos. Alguns deixam inscritos seus nomes nas paredes. Outros escrevem os nomes de suas namoradas: Tânia, Eliane, Rosa. Um me assustou com uma advertência: "estou detido há onze dias neste cubículo. Não gostei devido aos percevejos, ratos e baratas".

Outros lamentam-se do Exército. Veja só este: "Do Exército só levarei saudade dos amigos. O resto vá à puta que o pariu".

Esse outro companheiro, que hoje estará longe, lamenta: "Sou mais infeliz de minha vida".

Dentro de um rabisco, um preso escreveu: "Elina – Paulo". O mesmo amoroso escreveu noutro lugar: "Elina, meu amor, estou aqui preso. Não posso ir passear com você, mas sairei daqui (207 R) e então poderemos amar à vontade, despreocupados. Amor, espere-me no Rio. 31/10/68".

Um outro companheiro escreveu coisa ininteligível e datou: "saída: 07/11/68". Há outros registros, uns dizendo coisas, outros registrando só dia de entrada e de saída. Alguns nomes são bizarros: Tião Budega, Sérgio Maluco, Soriano. Há também os pornográficos habituais, exibindo-se em desenhos de risco infantil. Todos escrevem em letra de forma. Além das inscrições, as paredes estão manchadas de percevejos esmagados. Vale dizer, riscos marrons-vermelhos na cal branca do que foram percevejos sugadores devidamente executados.

Escureceu. Vou ver se posso acender a lâmpada que pende do teto. Suponho que só poderá estar acesa até certa hora. Depois será a hora dos bichos e bichinhos. A luz acendeu bem, ótimo! Trouxe livros e muito papel para rabiscar. Assim, com luz, o tempo será aproveitável.

Minha prisão ameaçada há muito tempo se cumpriu hoje. Esperei-a há muito tempo, ordenada por alguma autoridade capaz de enfrentar o Supremo ou pela auditoria militar. Saiu agora, por quê? Suponho que o discurso de Marcito tenha exasperado demais os militares. Temia que o governo tomasse alguma providência. Que tenho com isso? É provável que eles tenham um esquema mais amplo de repressão.

Hipóteses múltiplas me ocorrem, mas nenhuma convincente. Não tenho informações suficientes para saber o que está ocorrendo e prever o que virá a ocorrer. Só vejo a perda de energia desses milicos, que com menos violência podiam fazer todas as coisas que o Brasil espera há séculos. Mas não serão suas consciências espúrias e sua alienação que salvarão o Brasil.

Jantar: suportável nas circunstâncias. Mas não me deram garfo. Será esse o tratamento para qualquer preso nesta cela? Provavelmente. Tem uma faca e um copo de metal amassado, e com isso me viro.

✦

Dia 14, soldado

Ontem à noite trouxeram outro preso, estudante de pedagogia. Hoje de manhã, um terceiro.

A dormida foi agradável. Não me preocupei com nada, nem podia, tal era meu cansaço. Acordei algumas vezes à noite, mas o cansaço me fazia dormir. Nos intervalos, passava o tempo olhando o cabo que me olhava para mostrar serviço. A cela fedia demais. Por que a catinga fede mais à noite?

Hoje pela manhã um sargento informou que podíamos usar os sanitários que estão lá fora. Verifiquei que a privada tem cano e ralo. Esperamos até seis horas, quando o quartel acorda, e depois até as nove horas para tomar o café com leite.

Lá pelas onze horas me chamaram para depor. Um sujeito, sentado diante de uma máquina de escrever, conversava comigo enquanto eu examinava a biblioteca anticomunista. Contrastavam os livros da biblioteca do Exército e os do INL. Juntos olhamos a livralhada. Há alguns de Marx e, para minha surpresa, um de Paulo Duarte.

Para me ouvir veio o coronel Humberto Moura Cortez, mas neguei-me a depor. Redargui que não aceitaria ordem nesse sentido, porque era ilegal. Mas disse que estava sempre à disposição para conversar. A essa altura ele me deu para ler o AI-5. Esperou, indagando com um olhar arguitivo. Não há dúvida de que os militares estão armados de novos poderes de ação arbitrária. Só comentei que, com um poder desses, eles podiam atender aos reclamos do povo brasileiro, mas duvidava que o fizessem. O coronel interrompeu para dizer que o Brasil não podia continuar naquela anarquia. Eu respondi: "Duvido que, também desta vez, venham a fazer alguma coisa de positivo. O que lhes falta é demonstrar autonomia. Têm o poder, mas não sabem o que fazer com ele".

A cara do coronel foi se fechando. O interrogatório prosseguiu com muitas interrupções, em que eu conversava com o sargento escrivão. O certo é que, na hora do meu interrogatório, apenas definiu o inquérito: "Atividades do réu e de exilados, daqui e de Montevidéu, na área do Primeiro Exército".

Em seguida, me fez diversas perguntas:

"Por que foi para Montevidéu?"

"Juntar-me ao presidente Goulart, de quem era chefe da Casa Civil. Sabendo que se implantava aqui um novo governo, pedi asilo e aceitei convite para exercer uma cátedra na universidade."

"Por que voltou?"

"Tendo o STF anulado as condenações militares que pesavam sobre mim, voltei para defender-me em liberdade das acusações de quaisquer outros processos que me tenham aberto."

Ficou nisso. Mas o coronel adiantou que me classificaria como "indiciado" e não como testemunha, tal como fez com os demais, porque, ao contrário de todos eles, eu me neguei a atender sua ordem de prisão. A conversa foi respeitosa e cordial, descambando para certos temas, tais como Castelo Branco, a função executiva do Exército, Rondon, JK e a indústria automobilística. Pedi, no final, um telefone para falar com Berta, minha mulher. Ele disse que não havia inconveniente, mas não deu ordem, até agora.

Tarde: almoçamos, nenhuma novidade, até que me chamaram uma primeira vez para falar ao telefone. Chamei, mas ninguém atendeu lá em casa.

Na segunda vez, era para subir ao gabinete do coronel Moura. Lá encontrei meu advogado, Mirza, sentado, muito espigado. Pôs-se logo à vontade ao ver-me. Pouco falamos. Em presença do coronel e do subcoronel que escutava da janela, Mirza disse aos oficiais que, em face da nova situação, me aconselhara a escapar, fugir, porque minha prisão decorria de atos de uma deliberação pessoal, não referendada por lei. Ele até me advertira da iminência de minha prisão.

Reiteramos ambos, diante do coronel, minha disposição de depor, mas de fazê-lo dentro da mais estrita legalidade. Aquilo a que nos negávamos era aceitar uma prisão retrospectiva, só para interrogatório. Mirza levantou-se para sair, depois de obter a promessa de que Berta poderia me visitar na segunda-feira. Nos abraçamos e eu o tranquilizei, dizendo que o coronel e eu éramos cidadãos que, embora discordando em muitas coisas, podíamos manter o respeito recíproco. O homem não teve como não aquiescer.

A conversa prosseguiu então. Em certo momento, quando falava dos meus "erros", ele entendeu mal e tive que reiterar: "Errei e erramos, porque tentávamos acertar. Subscrevo por isso os meus erros e assumo a responsabilidade por eles. São erros que eu cometeria outra vez, se não os mesmos, porque amadureci com a experiência, outros, oriundos de minha disposição permanente de alterar a ordem das coisas para realizar as potencialidades do Brasil".

A conversa espichou até que o coronel, depois de algumas apreciações sobre o suposto despreparo de Jango para o governo, fez o elogio a Castelo. Rebati logo, dizendo: "Não concordo! A meu juízo, se vê que Castelo é quem estava despreparado. Ele tem um poder maior do que tivemos e não o utiliza, porque não sabe o que fazer. Não tem um projeto".

O coronel manifestou sua perplexidade diante do absurdo de que eu, que teria exercido o poder sem resolver os problemas do país e criado uma situação caótica que tornara inevitável a revolução, pretendesse pôr a culpa em Castelo Branco. Eu declarei que não se tratava disso e perguntei se ele subscreveria o AI-5, editado ontem. Diante de sua resposta positiva, disse: "Enormes são suas responsabilidades. Os senhores chamam a si poderes imensos, inclusive o poder de editar leis. Se usarem, agora, esse poder com os chamados revolucionários, que o utilizaram até agora, será uma farsa clamorosa. A História não perdoará".

Segui falando sobre as potencialidades do Brasil e a obrigação de concretizá-las, enfrentando os vetos internos e externos que se opõem a nosso desenvolvimento autônomo. Nessa altura, entrou o subcomandante na conversa, quando eu dizia ao coronel: "Trabalhei com muitos governos, com todos os presidentes, de Vargas até Goulart. Não é impossível, coronel, que um dia trabalhemos juntos, se for para enfrentar vetos".

O tal sub disse então, sibilinamente: "E já estão colaborando".

Era a hora de encará-lo. Levantei-me, falamos ainda uns minutos de pé e, à minha saída, o coronel, mais uma vez, apicaçado pelo meu *desafio de utilizar os poderes do AI-5, não apenas para perseguir e reprimir ou fazer remendos, disse: "Isso é o que vamos fazer agora".*

Um soldado me trouxe à cela, aonde um pouco depois chegava um café do cassino dos oficiais. Bom.

15 de dezembro

Desde ontem à tarde, a novidade foi a chegada, à noitinha, de um novo preso, um ferroviário, delegado sindical da Leopoldina, processado e demitido em 1964, que agora é novamente convocado. Depôs umas quatro horas. O interesse residia, aparentemente, em suas ligações atuais e no esclarecimento sobre armas de mão encontradas quatro anos e meio atrás em sua casa, em Caxias. Voltou do interrogatório depois da meia-noite, falou um pouco e dormimos.

Hoje começamos bem. Um bom café, um pouco de conversa entre os quatro presos sobre generalidades e a chegada de um sargento, mandando que eu juntasse minhas coisas. Arrumei a trouxa e o acompanhei, imaginando que me levasse para outro quartel ou para alguma prisão. Nada disso, trouxeram-me para uma cela especial, limpa e clara, no "cassino" dos soldados e cabos, junto a uma sala onde eles jogam bilhar e pingue-pongue. O melhor é um banheiro limpo, que usarei sem nojo.

O coronel acaba de me visitar aqui. Explicou-me que eu estivera na sala de presos comuns por dificuldades não sei de que ordem, mas sem nenhuma intenção de humilhar-me. Ainda que tivesse, seria o caso de dizer. Conversou um pouco, explicando-me que a diferença básica entre militares e políticos é uma questão de estilo. Por exemplo, não era por sobranceria e orgulho que o marechal CB subia heroicamente a rampa do Palácio do Planalto, postando-se lá por quinze minutos para receber as homenagens da tropa devidas ao presidente. Seria hábito bem militar entrar em seu quartel pela Porta de Armas e não pelos fundos, como se fazia antigamente no Planalto. Esclareceu, então: "Exceto quando vamos dar o golpe".

O raciocínio razoável provavelmente explica mesmo uma das facetas que distinguem e separam milicos de paisanos. Tantas são, porém, as facetas desses cristais conflitantes que não convém se aprofundar nelas.

Despediu-se, assegurando que me desejava uma boa estada e, sobretudo, breve. Avisou que segunda-feira continuaríamos o interrogatório. Agora, com a presença do procurador Manes. Não me resta senão esperar para ver. Amanhã, talvez, veja Berta, que me dará notícias da extensão do golpe. A quem e a quantos prenderam. Que planejam os militares com tamanho poder nas mãos? Não há proporção entre a profundidade do golpe dentro do golpe que eles deram e suas motivações declaradas. Preciso de melhor informação.

Que fazer? Que perspectivas tenho? Não sei nada e não posso influir na decisão que eles irão tomar. Nesta posição passiva, só posso planejar minhas atividades dentro de limites exíguos. Vejamos.

Primeiro. Ficarei no Brasil, volto a afirmar: não posso ajudar mais aceitando o convite para ir para a América, ou para qualquer outro lugar. O que cumpre, entretanto, é lhes impor minha presença. Esse é o preço maior que lhes posso cobrar: a duvidosa censura da opinião pública à prisão de um intelectual.

Segundo. Devo enfrentar o inquérito mantendo-me no que sou, sem nada que pareça bravata. Mas dando de mim a imagem que eu próprio tenho de mim: um brasileiro deliberado a lutar contra tudo o que se oponha ao desenvolvimento autônomo e sustentado do Brasil. Um brasileiro convicto de que pesa um veto sobre o nosso desenvolvimento:

1) *os interesses do patronato mais retrógrado, sobretudo dos 32 mil grandes fazendeiros;*
2) *a incapacidade e a venalidade do patriciado político nativo que dirigiu o país até agora e, tendo sido incapaz de conquistar o desenvolvimento, se tornou também incapaz de renovar sua própria ideologia liberal;*
3) *a tacanhez dos militares, que são manobrados por interesses que desconhecem, servindo como custódios de uma ordem que eles próprios desaprovam, mas se comprometendo e afundando-se cada vez mais no papel de mão repressora;*
4) *os interesses estrangeiros, sobretudo os norte-americanos, que têm, hoje, no Brasil, seu alterno, porque a condição essencial*

à preservação de seu âmbito mínimo admissível de hegemonia é manter-se como potência continental – é manter o Brasil subjugado à sua órbita de poder e aberto às suas empresas.

Não vale a pena estar escrevendo mais sobre esses assuntos que tantas vezes analisei. De prático, só fica a disposição de enfrentar o inquérito, assumindo as responsabilidades que me cabem pelo que eles chamam de caráter subversivo do governo passado, no que tange às reformas. No correr do inquérito, responderei a perguntas das autoridades que me julgarão e ficarei sabendo se o coronel pode encerrar o inquérito me libertando no período de julgamento ou, o que é mais provável, se o encerrará me mandando para outra prisão.

A hipótese mais provável é um longo tempo de prisão. Se for assim, tratarei de aproveitar. A única forma possível é produzir mais livros, que se publicarão ou não. Para tornar viável a publicação, seria aconselhável trabalhar num livro sobre os índios, que qualquer editor poderia lançar. Prosseguir no meu primeiro tema, com Os Kadiwéu – que seria uma simples reedição –, enfrentando depois o Povo de Maíra, um estudo da mitologia dos povos Tupi.

Mas que tal escrever, para divertir-me, uma novela neoindianista? Vou esquematizar alguma coisa nos moldes da que compus mentalmente naquelas férias de Minas, no Uruguai, quando queria tirar da cabeça a obsessão com O processo civilizatório, que me estava deixando louco. O mesmo tema poderá, outra vez, ocupar-me inteiro e, agora, quem sabe poderá ser escrito. Se não vier a ser publicado – o que é provável, dadas as minhas insuficiências para o ofício das letras –, me manterá enchendo os tempos desta prisão e evitando que eu viva ao ritmo e ao pesadelo dos interrogatórios.

✦

16, segunda

Nenhuma novidade, senão o pesadelo das refeições, que vão piorando a cada dia, e a espera. Às catorze horas fui chamado. Vesti-me, imaginando que fosse um procurador para o depoimento. Nada. Era o coronel, que estava com um irmão médico na sala, e queria conversar. Os interlocutores eram "o Exército" versus "o revolucionário civil" – vale dizer, os militares rebelados contra a desordem janguista, e eu, o ex-poderoso responsável por aqueles desmandos. Não vesti meu papel nem aceitei o deles. A decepção de ter uma conversa em lugar de um depoimento que aproximaria mais o fim dessa etapa irritou-me.

Falei com um misto de cordialidade e dureza, para reclamar que não havia revolução alguma, tão só o grupo que está no governo armado de todos os poderes e incapaz de usá-los. Os problemas são graves e desafiantes, tais como controlar a invasão norte-americana e pôr um dreno na exploração estrangeira. O médico, que dirige um laboratório de produtos farmacêuticos, e também não gosta de gringos, esticou o assunto, ponderando que não admitia, porém, sair de uma *tutela para cair em outra, como a russa. Acabei dizendo que a minha posição é socialista verde-amarela. Vale dizer, dar uma banana ecumênica, fundada na convicção de que estamos sós e afirmar que nossa independência só se pode alcançar com autonomia. Sabendo-se, porém, quem são os nossos dominadores e exploradores presentes e reais.*

Fui interrompido outra vez, agora para ser fichado – datiloscopia por um profissional e fotografia por um tenente muito contentezinho com o papel de polícia. Mas tive um proveito: saber que fui preso numa chamada "operação gaiola", no curso da qual se prendeu muita gente. "Todos os que estavam fichados agora serão processados nas várias unidades militares. Não é seu caso, porque o senhor já tinha processo aqui."

Tenho, como se vê, muitos companheiros de gaiola. Quantos? Por ordem de quem? Muitíssimos estarão certamente presos. Toda gente considerada subversiva pelos milicos deve estar na cadeia. Ontem, o último preso a chegar me disse que JK havia sido preso também. Preso, aliás, no Teatro Municipal, o que é uma boa notícia. Quanto maior for o número de presos, tanto mais rapidamente se relaxarão as prisões. Não a minha, certamente, dada a "periculosidade" de que o general Ramiro Gonçalves, ministro do STM, falou no STF e que precisará comprovar agora.

Berta ainda não veio, ou não a deixaram entrar, o que é mais provável. É cedo ainda, rapaz, e pelo jeito o coronel quererá mostrar que, apesar de minha rebeldia em não atender a suas ordens de prisão, mantém sua orientação liberal. Será? Tomara!

17, terça

Berta veio ontem e me deu uma visão mais clara do que ocorre lá fora. Devem ser milhares os presos, inclusive intelectuais e alguns políticos mais proeminentes. Isso significa que o ato não foi só editado, mas também cumprido em toda a extensão. Não se trata de um poder posto em mãos do governo, mas de um regime novo implantado no país. A meu juízo, é a maior burrada que poderiam fazer. Violentando-se ainda mais, agravam a animosidade que já despertavam, escandalizam o mundo... e para quê? Para nada!

Falei hoje com o coronel e com o procurador Manes. O primeiro, sempre cordial, já conseguiu mudar a imagem que eu tinha dele. Não é um carrasco repressor, mas um militar de carreira, certo de que com autoridade e firmeza podem-se resolver todos os problemas de um governo. Apoia, naturalmente, as ações em curso e espera delas resultados prodigiosos. Não se apercebe que seu contentamento decorre apenas do sentimento de orgulho que uma afirmação brutal provoca diante de tantas contestações.

O procurador é uma coisinha sórdida, humilhado pelo Mirza, revoltado com meu estilo de defesa e, sobretudo, serviçal e intrigante. A certa altura, me disse que não praticaria jamais uma felonia por dinheiro. Talvez não, mas a praticaria só para servir um regime com que se identifica e que deseja ver fortificado a qualquer custo.

A conversa foi penosa. De concreto só apurei que decretaram minha prisão preventiva e dos demais implicados no processo, quer *dizer, Edmundo e Teixeira, mas não a do dedo-duro que nos envolveu no seu enredo insano. Como não há mais habeas-corpus, isso significa que ficarei trancado até o julgamento e depois dele. Disse isso ao Manes, sentindo que ele ia montar o processo para condenar-me, o que representaria, na circunstância, uma fatalidade. Ele reagiu e trocamos frases arestosas, em que eu falava do amor à condenação e ele ponderava que não se pode julgar. Aquiesceu implicitamente que assim era. Redargui, então, que o melhor para o governo seria encontrar uma saída agora. Caso contrário, teria de pagar ônus de me manter preso por muitos anos.*

Ele retorquiu, frio, que era uma mania brasileira essa de achar que a prisão e atos de autoridades enfraquecem o governo... Argumentou com a Rússia e com a Bulgária. Voltei à carga dizendo que, como dependia da acusação do promotor – e sabia que essa seria uma montagem de sandices de um louco na forma de acusação fundamentada – e do julgamento de um tribunal pressionado pela conjuntura política, estava seguro de minha condenação.

Perguntou então que saída teria. Respondi a seu argumento de que a coisa não era assim tão inexorável. Acentuei as hipóteses que me poderiam ser favoráveis. Primeiro, que ele não formalizasse a acusação; segundo, que se criasse um interstício entre a conclusão do processo e o julgamento, no qual eu fosse posto em liberdade, para sair do país. Ele fez ver, a certa altura, que eu procurava uma conciliação. Argumentei que ele não era procurador do governo, mas da República e, se tinha algum compromisso com a Justiça, o que deveria fazer era me dar uma chance de sair de um processo absurdo, cujo resultado ele, em sã consciência, bem sabia que seria a condenação. Aquiesceu aí, em que cabe ao procurador conciliar as partes, não sem antes fazer outra série de ataques à competência do Mirza.

Concordamos que o problema não era jurídico, mas político. Eu disse então que voltara ao Brasil com base na decisão do STF, que anulara as condenações militares que pesavam sobre mim, na convicção de que aqui poderia defender-me em liberdade. Não sendo mais essas as circunstâncias, porque se criara uma nova Justiça autárquica para problemas de segurança, minhas alternativas seriam a prisão, por vários anos talvez, dependendo da continuidade do regime, ou sair do país, aceitando um dos convites que me foram feitos. Ele voltou a repetir que esse era um problema político que teria, naturalmente, que ser decidido por autoridades mais altas. Como ele aceitou, assim, implicitamente, a tarefa de negociar, eu argumentei que só tinha a dar como recompensa minha saída, pois julgava que manter-me preso custava mais ao governo do que me deixar sair.

O coronel entrou então na conversa, dizendo que eu queria sair para continuar conspirando, como fazia no Uruguai. Respondi que era assim, mas minha conspiração era de intelectual que atua através de seus livros e estes eles não podiam impedir. Nem mesmo me mantendo preso, porque a própria prisão daria maior repercussão a meus livros, que já se encontravam nas mãos de editoras dos Estados Unidos, da França, da Argentina, da Itália e da Espanha.

O procurador quis dessa vez envolver-me em frases globais que me definiam como marxista e comunista. Disse que eu era herdeiro de Marx, que procurava sê-lo enquanto cientista social, porque Marx fora fundador das ciências sociais. Mas assim como os físicos não são einsteinistas pelo fato de ser herdeiros de Einstein, eu também não era marxista. Evidentemente o argumento excedia a capacidade de compreensão de ambos.

Caí então no papel de esclarecer que, sendo minha função a de ideólogo, e exigindo de mim mesmo uma conduta de patriota, não deixarei jamais de atuar, enquanto puder, sobre a juventude, sobre o clero e sobre os próprios militares, no sentido de ajudá-los a compreender a situação em que atuavam e exercer um papel patriótico de luta pelo desenvolvimento autônomo do Brasil.

Ambos declararam, então, que muitas pessoas – o general Ramiro saíra da sala imediatamente antes de minha entrada – pensavam que eu seria o verdadeiro culpado das dificuldades que o governo enfrentava e que não me perdoavam o que fiz na Universidade de Brasília. Foi mais uma hora de conversa sobre a universidade. Naturalmente concordei e ressaltei que, no planejamento e criação da universidade, nela inscrevi meu pensamento, além de ter sido seu primeiro reitor, e isso constituía o grande orgulho de minha vida. Que, naquele caso, a burrada fora deles, incapazes de compreender o projeto e de assegurar aos professores que eu reunira em Brasília as condições indispensáveis para ali trabalharem. Ressaltei que um dos requisitos para o desenvolvimento nacional autônomo era alcançar a capacidade de fazer, em algum tempo, a bomba atômica – matéria sobre a qual eles deviam ter alguma informação – e que isso só a UnB poderia ter dado. Assim, mesmo no plano militar, fizeram burrada, além de se incompatibilizarem com a intelectualidade do mundo inteiro.

Voltando depois a falar de minha "periculosidade", ressaltei que o terror deles eram os intelectuais capazes de pensar o Brasil com independência. Que eu aceitava ser incluído entre eles, mas que a culpa de um fracasso do governo não era nossa, mas deles, de sua inépcia para formular um projeto próprio. Desafiei-os, assim: "Se vocês com CB à frente do governo nada fizeram, tendo o máximo poder de legislar, até sobre matéria constitucional, e contando com o apoio da classe dominante, dos políticos e de amplos setores da classe média, não será agora, diante da oposição unânime da nação e da sociedade civil, que farão qualquer coisa. É muito improvável".

E frisei: "Os senhores se arrogaram novos poderes, ilimitados, simplesmente para fazer calar a oposição e para permanecer no governo sem dar contas a ninguém. Não são capazes, porém, de fazer nada com o poder que detêm, seja para afirmar a autonomia nacional contra a exploração estrangeira, seja para realizar uma política de reformas que abra ao Brasil perspectivas de elevação do padrão de vida do povo".

Eles ouviam algo estarrecidos. Não compreendiam por que eu os acusava assim. Respondiam que um governo sério só faz obra para o futuro, e o futuro julgaria. Mas prossegui na mesma linha, dando de mim a imagem real de rebelde e deixando claro que meu compromisso é a luta contra tudo e contra todos que se opõem ao pleno desenvolvimento do Brasil. Reafirmei que sou um socialista, confiante em que a juventude e as novas forças renovadoras imporão um dia um projeto verde-amarelo de desenvolvimento autônomo como única alternativa aceitável a esse regime de congelamento do atraso e de repressão que eles inventaram.

Essa conduta verbal agressiva constitui minha única defesa possível. Só ela pode ser uma afirmação diante deles: acusá-los de agentes do atraso e de interesses estrangeiros. Apresentar-me como o intelectual que sou, inconformado com o atraso nacional. Mas tão só como um intelectual patriota, desarmado e desligado de quaisquer grupos. Aonde me levará isso, não sei. Provavelmente a permanecer na cadeia.

No fim da conversa, com o propósito de aquiescer, contei a reação de alguns velhos amigos de Montes Claros diante de minha chegada. Sua surpresa era enorme, porque acreditavam que os desterrados não voltam mais. O procurador entrou então a dizer que não há retorno para o degredo, exceto para Fernando de Noronha. Para manter o tom ameno que queria ressalvar, pedi então que me confinassem no Parque do Xingu. Lá poderia voltar às minhas pesquisas etnológicas ou talvez me incumbir de pacificar os Atroaí. Assim, talvez fosse morto sem necessidade de pena de morte, mas prestando um serviço ao país. O procurador – um tipinho inverossímil – levou a coisa a sério e *anotou que eu gostaria de ir para o Xingu. Depois disse que só tomará o meu depoimento depois de amanhã.*

Balanço: propus que me deixassem sair do país ou aceitassem como alternativa um julgamento em que serei fatalmente condenado: ao desterro interno no Xingu. Mas só alcancei a certeza da condenação inexorável e a convicção de que os próximos meses, tratando com esse procurador, não serão divertidos para mim nem para ele.

✦

18, quarta

Hoje Berta deve voltar à tarde. Não terei interrogatório, porque, segundo disse o procurador, ele só pretende rever-me amanhã. Não estou disposto, porém, a manter conversa fiada como a de ontem, que não é tão gratuita.

Minha rotina aqui se vai estabilizando. Acordo às seis com o bilhar dos soldados no dormitório ao lado, aguardo o café, que vem lá pelas sete horas, saio então para o banho de sol e, de volta, vejo varrerem o quarto. Aliás, ainda não o descrevi: é um salão de sete por cinco metros, com uma janela basculante de quatro metros, por onde entra calor e sol pela manhã, e estalos de explosões de motores de cavalaria mecanizada, que consertam diante da janela. Do lado oposto fica uma porta trancada a cadeado. As duas outras paredes são cortadas em cima e recheadas com cerâmica vazada. Por aí vem o bafo humano do lado de dentro e a zoada do pessoal falando, cantando, gritando, jogando pingue-pongue e sinuca.

Pela primeira vez na vida, o barulho de gente não me perturba. Leio e escrevo sem preocupar-me, porque a zoada das conversas quebra a sensação de confinamento da sala, fechada à chave. O pessoal que anda por aqui habitualmente é formado de soldados, cabos e sargentos. Estes últimos têm dormitório e banheiro à parte, melhor que o nosso. Todos são corteses comigo, pedem licença para trancar a porta, sorrindo quase cúmplices, para demonstrar que sentem ver um homem trancafiado. Não é assim, naturalmente, a uma hora qualquer. Quando abrem para entregar as refeições às treze horas ou às dezenove horas, ou para trazer água que eu peça ou, ainda, para deixar eu sair ou entrar, sempre olham a caixa com o livros e uns papéis cheios de rabiscos. Ontem o procurador perguntou se eu queria sair daqui, presumindo, suponho, que eu tenha a reclamar por ter como custódios aqueles que tanto se encarniçam em me prender e que poderiam, agora, exercer represália para compensar as frustrações que eu lhes provoquei. Respondi que não, pura e simplesmente.

Retomei ontem a novela com que me divertirei por algum tempo. Escrevi seis pequenos capítulos. Está ficando gozada, mas minha inabilidade literária só poderia ser superada com a longa prática do ofício de escrever enredos. Por agora me diverte muito. Talvez porque me permita escapar daqui para os sertões onde vivi tantos anos com índios e caboclos que não existem mais. Pelo menos aqueles meus, senão dentro de mim, como matéria de memória. O enredo novelístico me permite juntar episódios, reflexões, observações – as mais diversas e disparatadas. Talvez também lhes empreste uma realidade mais real do que a dos relatórios científicos e dos textos temáticos. Vamos em frente, porque essa é uma fuga boa e, ademais, que outra coisa poderia escrever eu, aqui, senão esses registros e a novela?

✦

Tarde

Hoje não fui chamado para depor nem para conversar. Será amanhã ou depois ou em qualquer dos trinta dias de prisão preventiva que me deram. Dadas as circunstâncias, esta prisão é apenas um preâmbulo da seguinte, provisória, para responder ao processo como provável culpado – putativo! – e da final, para cumprir a pena. É uma merda. Suporto, mas é chata demais. Enfio-me no trabalho tal como fazia no exílio. Hoje trabalhei umas dez horas seguidas na novela, esquematizando e escrevendo. Está tomando forma. E creio que não está má.

Estou cansado de sentar: Deitar-me ainda não posso, porque são apenas oito horas. Tenho os olhos cansados dos óculos de leitura. Mas só resta ler e aguentar mais chá de cadeira. O importante está no que falam de uma televisão do outro lado da parede. Mas mesmo colando o ouvido nela não ouço nada. Só consegui pegar pela música da frase

que estavam dando a previsão do tempo. Qual será? E que importân-
cia tem, se aqui estou à prova da chuva e do frio? Só o calor me atinge
nesta sala, mas serve para mostrar que o clima do Uruguai não é a
merda que eu pensava e que os trópicos são uma beleza, mas têm seu
preço em suor.

✦

Santa Cruz

Um jipe me apanhou na porta da prisão e saiu comigo pela
Quinta da Boa Vista, que revi, sempre bela; dali para a área portuá-
ria e afinal para a ponte Rio-Niterói, que eu ainda não tinha atra-
vessado. Forte e feia. Só tem de bom ver o mar marulhando dos dois
lados por mais de dez quilômetros. O jipe me levou para um bata-
lhão, onde fui posto em outro jipe para seguir viagem. Assinalo que
os sargentos e os soldados que me levavam não disseram palavra em
todo o percurso. Não sabia para onde me levavam, mas gostava de ir
na estrada beira-mar vendo o colar de praias que se sucediam até che-
gar à fortaleza de Santa Cruz, admirável obra de cantaria cortada
em enormes monoblocos de granito. Foi posta do outro lado da baía
de Guanabara, em frente ao forte de Copacabana. As duas fecham o
mar. Para isso foram feitas, para guardar a boca das minas de ouro
e para livrar o Rio de Janeiro dos ataques de corsários, organizados
como sociedades de ações que tomavam a cidade, vendiam as casas a

seus moradores, ameaçando queimá-las se não pagassem bem, arrebanhando toda mercadoria do comércio e o mais que pudessem apanhar, inclusive escravos. O espólio era dividido em Paris com lucros proporcionais para cada acionista. Assim enricaram algumas viúvas, que haviam posto no negócio suas parcas economias.

A fortaleza foi feita com a melhor técnica portuguesa. Está armada para deixar nove aberturas, onde puseram canhões apontando para a entrada da baía. Os artilheiros tinham assim nove chances de acertar um navio.

Agora é uma vetusta antiguidade, das várias que a Marinha tem, desusadas, ao longo da costa brasileira e até a milhares de quilômetros de distância, ao longo de rios que fazem fronteiras bem guardadas com as áreas hispânicas. É a bendita obsessão dos portugueses, que, tendo vivido mil anos esperando uma invasão de Castilha, trouxeram esse pavor para cá; o que, graças ao uti possidetis, nos garantiu a imensidade do território que temos.

Na fortaleza me deram o segundo andar de uma casinha confortável e até bonita que eles gabavam muito, dizendo que lá estiveram presos Lott e JK. "Eu quero é ser solto", dizia eu, irritado.

Na sala de baixo, davam aulas para os soldados falando mal do Jango e de mim. Preso durante todo o dia, saía para as refeições no restaurante dos oficiais e para o banho de sol que me permitia passear ao longo da encosta marítima, vendo Copacabana do outro lado, e conversar clandestinamente com os outros presos. Clandestinamente porque, ao contrário deles, que passavam o tempo conversando, eu tinha ordem de incomunicabilidade. Uma vez por semana, Berta ia me ver trazendo livros. Passava antes por um sargento idiota que proibia levar-me *Rebelião na Lua*, mas permitia que eu lesse todos os três volumes da biografia de Trotsky.

Foi o período mais infecundo da minha vida. Não escrevi nada, só ganhei minha "Fazenda do ar", a que eu chegava através de um radinho de pilha em que ouvia os programas de música clássica da rádio do MEC. Maravilha. Minha rotina ali foi interrompida quando encheram a casa ao lado de estudantes subversivos. Ao atravessar a praça para o restaurante, eu parava sistematicamente na ida e na volta para saudar os rapazes e falar com eles.

Fui proibido de fazê-lo e, não tendo cumprido a ordem, o oficial do SNI, que controlava a prisão, me tirou o banho de sol, o que me isolava o dia inteiro dentro da casa. Depois voltou atrás, me permitindo o banho de sol somente num caminho que ele marcou, de doze metros, em cima da amurada. De cada lado ficava um cabo me vigiando. Eu andava os doze metros, dava um passo mais para o cabo gritar. Voltava e, do outro lado, fazia a mesma coisa. Tinha assim o banho de sol enriquecido pelos berros dos cabos, que me mantinham o moral. Nessa altura, o tal oficial, que se chamava Loan, creio eu, me venceu. Quando eu saía para o banho de sol, ele me interceptou dizendo: "Se o senhor continuar a falar com os presos, eu tiro o banho de sol deles".

Foi uma derrota penosa, porque eu passava calado e cabisbaixo debaixo das janelas dos meninos sem saudá-los, pensando que eles tinham sido e continuavam sendo torturados e eu não. Mas não podia tirar o banho de sol deles, que é o único momento de alegria na prisão.

Havia vários outros presos ali na fortaleza. Alguns oficiais encarcerados por condenação em crimes comuns, que levavam uma boa vida com mulher e filhos. Lá no pátio de cima estava também meu companheiro Bayard Boiateux, que cumpria pena por suas culpas em Caparaó. Com eles também valia a ordem de incomunicabilidade interna. Não podíamos falar, mas falávamos sempre que possível. Eu, com receio de prejudicar o meu colega, que podia ter a pena aumentada por indisciplina, evitava conversas.

O pior daquela prisão foi um ataque que me assaltou uma manhã. Acordei atordoado, quis levantar e andar e levei três fortes tombos. O coração disparado. Eu me pus na cama, cheio de dó de mim, certo de que estava tendo um enfarte. Ia morrer ali na fortaleza, entre inimigos. Nisso chegou o suboficial que devia me levar para o restaurante. Não me encontrando na entrada como sempre, subiu. Eu choraminguei pedindo médico, dizendo que tivera um enfarte. O médico chegou horas depois, me examinou e disse: "Qual o quê! Não há nenhum enfarte, isto é labirintite!".

Quase caí de mim de tanta vergonha pelo medão que tive de morrer.

ilha das cobras

Certo dia, sem explicação alguma, me mandaram fazer a mala. Fiquei supondo que ia ser libertado. Qual! Estavam me mandando para a Marinha, que tinha processos mais completos contra mim e queria me julgar. Lá fui eu para a ilha das Cobras, o quartel-general dos fuzileiros navais, onde Tiradentes esteve preso até ser enforcado. Nunca me deixaram ver a cela em que o coleguinha sofreu. Tive mais sorte com o velho portão. Vi por acaso que o estavam demolindo e descobri que a intenção deles era jogar fora o imenso portãozão de ferro batido. Telefonei para Lúcio Costa e contei tudo para ele, pedindo providências. Lúcio, espantado, perguntou-me: "Mas, Darcy, você está preso aí na ilha das Cobras?".

◆

A Marinha é em tudo diferente. Muito marinheiro, muito toque de clarim, muita limpeza, comida muito boa na chamada "sala de armas", que é um bom refeitório, onde eu comia sentado com os oficiais. Ruim lá é a arquitetura. Os quartéis são caixõezões feiíssimos. Por que será que a Igreja e a Marinha perderam o nervo estético? Durante toda a colônia, foram eles que fizeram a melhor arquitetura do Brasil nos seus templos e fortalezas. Agora só constroem igrejas e quartéis cafoníssimos.

Ao chegar, descendo do jipe, um marinheiro agarrou minha mala e seguiu para um prédio comigo atrás, por três lances de escada. Lá em cima, no corredor, diante de uma porta, estava um oficial superior, creio que contra-almirante, me esperando. Sem me saudar disse:

"Decline seu nome."

"O senhor sabe."

"Decline seu nome!"

"Darcy Ribeiro."

"O senhor tem a ordem do mérito naval em grau de grão-cavaleiro, o que lhe dá direito a prisão de almirante."

Contestei:

"Não tenho, não. Castelo anulou todas as minhas comendas."

"Essa comenda é patente. Proposta pelo almirantado, é concedida por decreto do presidente da República. Não pode ser anulada", retrucou.

Em seguida, abriu a porta e perguntou se o camarote tinha dezoito metros.

"Deve ter mais, com essas seis janelas!"

Ele abriu a porta. Entrei e fiquei lá abrindo a mala, arrumando as coisas e debruçado na janela olhando as oficinas navais lá embaixo, a ilha das Flores mais longe e o mar-oceano.

Seguiram-se dias, meses de convívio meio evitativo, mas inevitável, com os oficiais no restaurante e no salão, onde me deixavam ver numa televisão o Repórter Esso. Ali sucederam duas coisas de espantar. Primeiro, a leitura da lista de novas cassações, na qual ouvi o nome de meu irmão, Mário. Danado, levantei-me, gritando: "Filhos da puta! Vocês são uns filhos da puta!".

Eles me levaram para o camarote e no dia seguinte o subcomandante me chamou para o que devia ser um pito. Entretanto, com a cordialidade da Marinha, só me disse: "Compreendemos, professor. Trata-se de seu irmão, mas evite exaltações públicas".

O segundo episódio, muito melhor, é que depois do Repórter Esso vinha um programa da Gal Costa. Fiquei literalmente encantado. Tal como fez Carmen Miranda no passado, Gal reinventou a mulher com imensas plumas na cabeça, vestes leves de paetês, gestos novos e cantando coisas impensáveis sobre disco voador e outras doiduras. Gal passou a viver comigo, dormíamos juntos a noite inteira. Amorosíssimos. Até consegui que dissessem a ela que, ao sair da prisão, cairia nos seus braços.

Minha imagem na cabeça dos milicos foi se transfigurando lentamente. Isso se deu em três etapas. Espantaram-se demais que eu, um agente de Moscou, tivesse vivido anos no meio dos índios.

Confirmando que dedicara dez anos da minha vida a seu estudo, vivendo a maior parte do tempo entre eles no pantanal, no Brasil Central e na Amazônia, mexi com o juízo deles. Não podiam compatibilizar a imagem de agente inimigo com a de amigo dos pais da pátria.

O segundo espanto que causei foi saberem que fui amigo e discípulo de Rondon. Ora, ele é o único herói inconteste das Forças Armadas. Também era inimaginável que ele se desse com o homem de Moscou, comunista. Fiz trazer o Correio da Manhã e mostrei que a oração fúnebre de Rondon foi dita por mim no cemitério São João Batista. Contei que Rondon morrera de mãos nas minhas mãos, dizendo frases do catecismo positivista. Inclusive: "Amor, ordem e progresso".

O decisivo, porém, foi dizer um dia, por acaso, que fizera uma marcha de setecentos quilômetros a pé, pela mata amazônica. Eles mapearam minha marcha, me fizeram repetir episódios da façanha a cada oficial que chegasse. Para um militar, uma marcha assim, miliquilométrica, é coisa muito séria, quase inimaginável.

O certo é que esses três feitos mudaram a atitude da oficialidade para comigo. Em lugar da postura educada e fria diante do que se afigura como inimigo, eu era cada vez mais uma pessoa concreta de que sabiam coisas que se contavam lá fora, difícil de se afigurar como inimigo. Custei muito a entender que para um militar as pessoas são aliadas ou inimigas. O inimigo não é visto como detestável e abjeto, mas como antagonista. Eu era visto assim, com a naturalidade cabível na cabeça deles. Minha figura passou a ser ambígua. Sobrevoando por cima dos nossos lados, pousou depois, sem que quisessem, ao lado deles, como o amigo dos índios, o discípulo de Rondon, o marchador quilométrico.

Além da visita semanal de minha mulher, permitiram que eu recebesse outras pessoas. Entre elas minha querida prima Célia, irmã de um oficial da Marinha, que terá sido prejudicado por isso. Minha amiga Lígia, linda, linda, que nunca me deu bola. Regina, amiga também, que havia trabalhado comigo. Solange, uma subversiva feroz, terrorista que teve a louca ousadia de ir me ver. Creio que ela vivia numa clandestinidade tão fechada que não via a família fazia meses. A solidão era tanta que foi ver o pai mais acessível: eu.

Ocorreu então um episódio ruim. Estava eu no camarote do comandante Figueiredo, um oficial inteligente, boa pessoa, com quem eu tinha um convívio muito amistoso, quando se deu o inesperado. Lá estava eu, bem sentado com os pés na mesa, tomando uísque, enquanto Figueiredo trocava a farda militar pela roupa civil com que todos os oficiais andam pela rua, depois de implantada a ditadura. Lá estávamos convivendo, quando entra no camarote um oficialzinho mal-encarado, que ao me ver fez a maior cara de espanto. Saí imediatamente.

No outro dia soube o que sucedera. Aquele oficial comandava, na ilha das Flores, uma escola de treinamento de torturadores. Vendo ali o que para ele era o mandante de seus torturados, danou-se. Disse que ia reclamar ao almirantado que a ele – oficial com melhor folha de serviços – deram aquela missão, enquanto Figueiredo confraternizava com o inimigo. A coisa surtiu efeito e talvez tenha sido decisiva para que a carreira do meu amigo fosse truncada. Não chegou a almirante.

É de imaginar o ódio do oficialzinho odiento. Torturar já é um absurdo inadmissível, mas concebível para alguns como meio de descobrir um segredo militar importante. Imagine-se, agora, alguém que comande uma escola de tortura pedagógica, com fins didáticos, para que os seus oficiais verifiquem experimentalmente, no corpo dos presos, os efeitos comparativos do pau de arara em homens e mulheres. Se arrancar um dente dói mais que arrancar uma unha do pé. Qual o efeito de deixar uma pessoa de pé sobre uma lata cortada penetrando na sua carne, rasgando.

Merece registro aqui um episódio protagonizado pelo banqueiro Magalhães Pinto, então ministro das Relações Exteriores. Meu irmão foi procurá-lo, levando dezenas de telegramas de eminente professores e reitores de universidades, pedindo minha libertação e me oferecendo emprego. Magalhães, mantendo seu riso cínico sempre pregado na cara, irritou-se com Mário: "Tenho aqui muitos mais telegramas desses, Mário. Diga ao Darcy para pôr fim à perseguição que me faz por toda parte, através dos comunistas e dos católicos aliados dele. Aonde vou, deparo sempre nos aeroportos com faixas: "Liberdade para Darcy Ribeiro". Não viajo sozinho, Mário. Viajo com oficiais generais que tudo veem, tudo anotam. Diga a Darcy para parar com isso".

O filho da puta pedia a minha proteção em lugar de ajudar-me. Mineiro quando dá pra ruim, não serve nem para lixo de bosta. Isso era Magalhães Pinto!

Outra lembrança, essa boa, é de meu confrade Abgar Renault. Cansado da insistência de Berta, que hospedara muitas vezes em Brasília, e que lhe pedia agora que conseguisse do Costa e Silva a autorização para me darem um passaporte para deixar o Brasil quando saísse da cadeia, Abgar pediu que eu escrevesse uma carta ao ditador do dia. Berta e ele tinham certeza de que eu jamais escreveria tal carta.

"Escrevo, sim, meu bem, esse é meu ofício." Compus minha carta, dirigida a Costa e Silva, dizendo que tinha uma oferta de emprego na Universidade de Colúmbia, em Nova York, que precisava assumir para sustentar minha família. Para tanto, precisava de um passapor-te, cuja emissão só ele, presidente, poderia autorizar. Concluí a carta com a velha saudação positivista: "Saudações republicanas!".

Abgar achou tão absurdo que não queria levar a carta, mas le-vou, e Costa e Silva autorizou o passaporte.

julgamento

O painel que se desenhara de minhas relações com oficiais da Marinha me dava a convicção de que, julgado por eles, tinha boas chances de ser absolvido. Meu advogado não concordava, dizendo que meu julgamento era importante demais para ficar no nível de decisão de alguns oficiais. Em consequência, eram comandantes de mais alto gabarito que decidiriam meu destino.

Insisti, dizendo a Mirza que todo dia fazia exercícios espirituais de uma a duas horas, planejando a minha fuga. Era meu tempo de liberdade e meus planos eram para valer. Estava se esgotando minha paciência com a prisão. Se fosse julgado e condenado, fugiria. Se não fosse julgado, fugiria também.

Fui ao julgamento conduzido num jipe por oficiais do Cenimar, que eu quis saudar, cordial. O que estava mais perto me disse: "Eu queria mesmo era levar o senhor para o paredão de fuzilamento".

Afinal, fui entregue ao juiz. Lá, sentado como réu, cercado de amigos queridos, vi atento a teatralidade do ato.

Quatro oficiais hirtos, ouvindo o promotor muito safado me acusar e depois meu advogado, Wilson Mirza, me defender.

A seguir, os oficiais recolheram-se a uma sala com o juiz. Muito bom caboclo, que tinha sido domesticado por padres alemães numa missão do alto Tapajós. Lá aprendeu alemão e latim para ser padre. Desviou-se, acabando juiz da Marinha, porque seu destino era me ajudar. Ele escreveu para os oficiais o julgamento de que precisavam, uma página e meia me descrevendo como homem da mais alta periculosidade que fora a eminência parda comunista do governo João Goulart. Mas concluiu com a seguinte frase: "Neste processo não há evidência de culpa. Absolvido!".

Naquela mesma tarde, saí para a liberdade. Não era mais do que me esconder na casa do advogado. Lá soubemos, no dia seguinte, que o Exército ordenara minha prisão. Tratei de ir logo à embaixada norte-americana. Não fui recebido pelo embaixador, como esperava. Foi o cônsul que me atendeu. Aprendi, então, que o cônsul é o tabelião e o policial da embaixada. Ele é que decide, autônomo, sobre *visas* quentes. Fui a ele confiante. Afinal, meus amigos tinham estado com o embaixador e com o adido cultural e sabido lá, de ambos, que minha entrada nos Estados Unidos não seria problema, uma vez que eu tinha um convite de professor visitante para a Universidade de Colúmbia.

Entrei na sala do cônsul, sentei-me diante dele e disse:

"Venho pelo visto, porque vou para os Estados Unidos como professor visitante da Colúmbia."

"Temos que conversar."

"Estou aqui para isso. Qual é a questão?"

"O senhor pretende fixar-se nos Estados Unidos como residente?"

"Não."

"O senhor tem outros contatos além da Universidade Colúmbia que lhe permitam estender sua estada lá até fixar-se como morador?"

"Não. Deus me livre. Saio daqui porque sou compelido a isso. Quero é voltar. Tive anos demais de exílio para que deseje estender meu afastamento do Brasil."

Foram dias de guerra verbal, em que a boçalidade dele se elevava e a minha reação também. Vi, ao fim, que dele nunca conseguiria nada.

"Não estou convencido. Não o vejo como mero professor visitante."

"Claro. Sou um eminente antropólogo. Fui honrado com um convite para lecionar na Colúmbia, coisa que nunca sucederia ao senhor. Saiba que tenho um livro editado por um órgão do seu departamento, que é o Smithsonian Institute: é *O processo civilizatório*. Coisa que também jamais lhe sucederá."

"Duvido muito. O senhor é comunista?"

"Não sou nem serei."

Como não perguntou se fui, não disse nada.

"Também não estou convencido. O senhor esteve em Cuba em 1964?"

"Esta é matéria passada em julgado. Um coronel doido acusou-me de ter ido a Cuba buscar dinheiro para a guerrilha. Fui julgado por um tribunal de oficiais da Marinha, que me absolveu."

"Tenho aqui uma fotografia sua em viagem para lá. Aliás, seu arquivo é um dos maiores que temos."

"Guarde bem. Vai ser útil para meus biógrafos."

Soube então, por acaso, que meu amigo José Augustin Silva Michelena, eminente sociólogo venezuelano, estava no Rio. Chamei-o à casa do Mirza e consegui através dele um visto consular para entrar em Caracas. Iria trabalhar como professor visitante na Universidade Central da Venezuela.

Na mesma noite, fui para o aeroporto com Berta e Zé de Catão, que ficou na fila por mim até o último momento. Aí entrei na fila e no avião. Voei para Caracas.

Era meu segundo exílio.

caracas

Desembarquei no aeroporto de Maiquetía. Atravessei a estrada com seus dois imensos túneis e fui dar em Caracas. Cidade alta, tropical, circundada de montanhas com um céu azul cheio de pombas mil. Bonita. Vivi ali um ano de bom trabalho fecundo e de muito amor, mas também de muita chateação.

Na mesma semana, fui falar com o reitor da Universidade Central da Venezuela – UCV –, que mandou me contratar como professor de antropologia. A isso se acrescentaram depois programas de pós-graduação no Cendes e, sobretudo, a direção de um seminário de renovação da UCV. Dele resultou um diagnóstico acurado da universidade e um plano de renovação estrutural a ser implantado em dez anos. Essas duas proposições foram publicadas pela universidade, num volume precioso de que saíram outras edições, consentidas e clandestinas, porque a procura era grande.

Trabalhei também com a Universidade de Mérida, plantada numa encosta dos Andes, em frente a escarpas vertiginosas.

Muitos de meus livros foram editados pela UCV e adotados nos cursos de ciências humanas.

Fiz bons amigos na Venezuela. Os principais foram José Agostinho Silva Michelena, que me tirou do Brasil, e seus dois irmãos, Hector e Ludovico. Outros amigos queridos foram Chacon, antropólogo negro, também poeta, casado então com uma escultora italiana bravíssima; o matemático Carlos Domingos, que me aproximou da informática de Varsavsky; Armando Córdoba, economista com uma visão própria e sábia do caráter do subdesenvolvimento latino-americano e, sobretudo, meu mulato ideológico Heinz Sontag e suas mulheres, que tem fé na sociologia, mas gosta da antropologia.

Traduziu para o alemão meu *O processo civilizatório*.

Em Caracas, eu me sentia como se tivesse nascido ali. O povo venezuelano é tão parecido com o brasileiro que, se trocássemos mil pessoas da praça Mauá por mil da do Silêncio, em Caracas, ninguém notaria. São iguaizinhos a nós, só mais ricos, mais bem-vestidos, mais alimentados e mais bêbados, além de temíveis, pois são muito brigões.

Andei pelo país todo dando conferência e principalmente olhando, conversando, comendo arepas de mandioca, que são para eles o que pão de queijo é para nós, mineiros.

Venezuelano come demais. Toda manhã toma seu desjejum, que vai do feijão preto, bem apimentado, ao filé a cavalo e muitas arepas, além de bananas excelentes.

Namorei algumas venezuelanas, até topar com um amor que quase acabou comigo de tanta paixão, Mariana, com seus 22 anos, linda de matar, a cujo casamento eu assistira com um rapagão formoso. Filha de Tereza, ex-comunista, mas radicalmente esquerdista, que hoje é deputada, grande política e promotora cultural, competente como nunca vi outra. Obrigou o governo venezuelano a edificar o maior centro cultural da América Latina. Majestoso.

O pai de Mariana, Miguel Otero, meu ex-futuro sogro, era um romancista tão lido na Rússia como Jorge Amado. Gozador, sabia levar a vida. Tinha na Itália um castelo rural com quarenta quartos, que produzia seu vinho e seu azeite. Muito amigo de Neruda, com quem gostava de brincar e de brigar. O poeta ficava meses hospedado na casa de Miguel, comendo três refeições por dia porque, além das duas habituais, acordava para comer uma ceia completa às duas da noite, aproveitando os talentos dos cozinheiros espanhóis da casa.

A melhor briga de Miguel e Neruda que eu vi foi impagável. Neruda, feito embaixador do Chile em Paris, insistia pedindo a Miguel que comprasse um apartamento para ele na Île de Saint-Louis, atrás da Notre-Dame. Miguel achou outro apartamento, maior, que custava 400 mil dólares menos, na avenida lateral, de onde se via a île.

Neruda alegava que Miguel estava degradando as coisas. Não prestava nem para gastar seu próprio dinheiro. Perdia a oportunidade de deixar que ele armasse em Paris uma morada extraordinária, cheia de objetos belos, que só ele sabia escolher.

Quando Neruda ia receber o Prêmio Nobel, chamou Miguel a Paris, espantadíssimo, para dizer que havia recebido duas cartas de ameaça mortal. Algum doido estava ameaçando matá-lo, rasgando sua grande barriga para derramar tripas diante do rei da Suécia.

Miguel achou que o caso merecia atenção, mas acalmou Pablo, argumentando que a segurança do palácio seria formidável e que ele trataria de comunicar a ameaça através do embaixador da Venezuela, para que não houvesse o menor perigo.

Miguel estava lá quando Pablo recebeu a terceira carta de ameaça e quase morreu de medo. Miguel sempre consolando-o até que Neruda decidiu que não iria receber o prêmio. Só então Miguel lhe disse: "Bobagem, Pablito, sou eu que escrevo essas cartas".

Convivi com Pablo Neruda no Chile. O que mais recordo é uma noite de Ano-novo que passei em sua casa de Valparaíso, com Mariana. Pablo por toda a noite me serviu mal. Estava atrás de um balcão, vestido com uma libré inglesa vermelha, debaixo de um pato de louça, que de vez em quando dizia "quá-quá-quá" para assustar a gente. Ele sempre me dava uísque com azeite ou vinho com uísque. Era ciúme. Não de Mariana propriamente, mas da intimidade com a família Otero, que ele não admitia.

O melhor da noite foi ver de uma varanda alta o porto de Valparaíso todo negro, debaixo de um frio intenso. E depois, à meia-noite, de repente, ver a armada chilena, que ali estava, iluminar-se. É um espetáculo inesquecível.

✦

Meu grande amor dos cinquenta anos foi Mariana. A conheci e me aproximei dela para assistir no seu apartamento às partidas da Copa de 1970. Não podia vê-las lá em casa, porque Berta, patriota rubra, torcia contra o Brasil para não favorecer a ditadura com a vitória no futebol. Eu não ia nessa conversa, queria a Copa para os brasileiros.

Assistindo às partidas juntinhos, de mãos dadas, emocionados, cercados de amigos, Mariana e eu começamos a ver as belezas de Macondo, a casa dos Otero.

Em cima, ao lado da piscina, era o apartamento de Mariana. Imediatamente embaixo ficava o da mãe, salas e comodidades. Mais embaixo, salões. Um dia, desci com Mariana escada abaixo, pusemos Tereza para fora de seu quarto e lá nos acamamos, nos acasalamos, nos amamos. Beleza pura.

✦

Quando Berta soube desse amor, anos depois, morávamos no Chile. Soube por uma indiscrição maligna de uma secretária, que entregou a ela minha correspondência com Mariana. Se danou: "Não tenho ciúme dela. Tenho é inveja de você. Como é que um velho careca, broxa, conquista aquela menina?".

Por três anos andei com Mariana pelo mundo afora. Aonde ia a trabalho, ela ia a meu encontro com sua dama de companhia, uma mocinha bonita. Foi ela quem comprou para nós lençóis de seda pretos e creme. Entre eles Mariana resplandecia.

Episódios gozados ocorreram conosco naqueles anos. Assim foi na viagem que fizemos à ilha paradisíaca de Barbados. Fui lá participar de uma conferência do Conselho Mundial de Igrejas com antropólogos, indigenistas, missionários e índios. Queríamos estabelecer uma política de defesa dos índios que definisse seus problemas e apontasse caminhos melhores.

Enquanto eu estava debatendo com meus colegas, Mariana e sua companheira ficavam no hotel de turistas. O dia inteiro na beira da piscina. O gerente oferecia a elas, então, seu serviço especial para americanas e inglesas. Era um desfile de negros bonitões, para escolher com qual deles queria foder.

O ruim da minha estada na Venezuela foi a perseguição do adido militar do Brasil, que farreava com o secretário do ministro da Justiça. Soube da sua existência já ao chegar, porque tive a ingenuidade de entregar meu passaporte na embaixada para registrarem minha presença, e o mesmo funcionário que o recebeu foi, discretamente, à noite, devolvê-lo a mim no hotel.

Tomara a iniciativa porque o passaporte seria certamente apreendido. Vi logo que era gentileza do embaixador. Um funcionário não correria tais riscos.

Confirmei minhas suspeitas ao ver que o Ministério da Justiça não me dava visto permanente, apesar de ser professor da UCV contratado por um ano. No primeiro vencimento do meu visto de turista, tive que ir a Curaçao para renová-lo. Gostei. É uma ilhota bela, de arquitetura batavo-tropical, com uma das mais antigas e preciosas sinagogas do continente e um povo negro, fornido. Belas mulheres.

Era difícil entendê-los falando, mas, tentando ler o jornal, eu entendia quase tudo. Eles falam o papiamento, um dialeto do português com inclusões holandesas e africanas. Supus logo, ainda penso, que aquela negrada é oriunda dos lotes de escravos brasileiros comprados por judeus holandeses. Provavelmente também do leilão de escravos que se deu quando da derrota de Zumbi dos Palmares. Essa hipótese explica a língua que falam, sua adaptação de estilo brasileiro aos trópicos e sua concentração em uma ilha de canaviais imensos, que a Holanda estava trasladando do Brasil para o Caribe.

Acabaram por fazer de lá o maior centro de produção de açúcar, desbancando o Nordeste brasileiro.

No segundo vencimento do visto, três meses depois, não gostei nada de voltar a Curaçao. Era implicância demais. Mas fui.

Quando chegou a terceira vez me danei. Declarei à imprensa que não renovaria meu visto, porque isso era um desrespeito a mim e à universidade. Interveio então a admirável Sofia Imber, que tinha um programa de televisão às sete horas da manhã, visto por todos os venezuelanos ricos enquanto comiam seu desjejum. Ela abriu o verbo. Disse ao presidente que ele estava expulsando da Venezuela um dos maiores intelectuais da América Latina, professor contratado da UCV, em razão de pressões da ditadura brasileira.

Surtiu efeito. Rafael Caldeira mandou no mesmo dia me darem um visto permanente. Fiquei, prosseguindo meu trabalho, amando meu amor por Mariana, que tinha mandado o marido embora para estar mais tempo comigo.

Vivíamos apegadíssimos, mas algumas coisas nos separaram, principalmente seu fastio de passar dias sem comer nada, só bebendo: "Está jejuando, bem?".

Também comia feito doida quando batia a fome. Gostava muito era de fumar maconha comigo, comendo queijo manchego ou chocolate suíço. Sem seu amor eu me perderia, tinha certeza.

Um dia tudo terminou. Prosseguiu só uma ternura imensa, que me levou a visitá-la várias vezes em sua casa de Paris só para vê-la. Um dia levei lá meu amigo Cibilis Viana, que nos convidou para jantar ali ao lado, no La Coupole, no restaurante em que Lênin comia.

Pagou uma conta de duzentos dólares, quase tudo em vinhos que Mariana escolheu. Coitado.

Mariana me visitou algumas vezes no Rio. Uma dessas ocasiões, um amigo me perguntou se podia namorá-la. Consenti. Dias depois ele me apareceu apavorado, dizendo que tinha um apaixonado dela os acompanhando todo tempo. Eu esclareci: "É o guarda-costas".

Até hoje nos telefonamos todo mês.

Segui vivendo muito bem em Caracas, cercado de amigos e com um trabalho estimulante. Berta, tranquila a meu lado. Não via nada. Estoura então a vitória de Salvador Allende nas eleições presidenciais do Chile. Nada me seguraria mais em Caracas.

chile

Conheci Allende como o senador socialista chileno que foi visitar Jango logo que nos exilamos no Uruguai. Convivi com ele uma semana em Montevidéu, encantado com sua simpatia, seu pensamento claro, seu socialismo libertário, seu sentimento de latino-americanidade. Nessas conversas, Allende me deu sua visão da nossa queda e da importância dela. Vi em suas palavras, mais do que alcançara antes, a compreensão da extraordinária importância do governo de João Goulart.

Estávamos travando uma batalha mundial. Só nós, pequenos Davis, contra o Golias. Allende me disse, textualmente: "A queda de Goulart foi para nós como uma montanha que mergulhasse no mar. Nele teríamos o aliado para a libertação da América Latina. Sem ele, tudo será muito mais difícil".

Eleito presidente, arranjei modos de cavar um contrato com o Instituto de Estudos Internacionais do Chile e mandei-me para Santiago. Encontrei Allende recém-instalado na Presidência e me pus logo a seu serviço, ao lado de um outro assessor, o espanhol Juan Garcez. Tínhamos acesso a todas as reuniões ministeriais e redigíamos documentos. Era um alegre trabalho que fazíamos ao lado de Allende, aprendendo. Garcez era um *politicien* de Paris, com formação marxista inteligente.

Meu emprego oficial era de pesquisador do instituto de Cláudio Velles, ex-esquerdista, casado com uma burguesa reacionária, detestado por toda a esquerda. Suportei a convivência no IEI porque meu trabalho verdadeiro era com o presidente Allende, de quem me tornava cada vez mais amigo.

Certa vez, após o grande comício no principal estádio de Santiago, Allende foi para sua residência presidencial, na rua Thomas Morus, acompanhado de seus *edecanes*, oficiais-generais das três Forças Armadas, que deviam tê-lo sempre à vista quando fora da residência.

Lá, acercando-se a mim, o presidente perguntou aos oficiais se eles gostaram mesmo de seu discurso. Confirmaram. Então, Allende disse: "Foi esse brasileiro que o escreveu".

Esse foi um feito único. Sabidamente, quem exerce o poder conta com intelectuais que compõem textos e falas. Ocorre, porém, que todos procuram esconder isso. Allende, ao contrário, o proclamava. O fazia exatamente porque eu apenas ajudara a escrever a peça oratória com base em ideias discutidas previamente com ele em toda a profundidade.

O tema principal do discurso foi a responsabilidade que pesava sobre o Chile de inaugurar a via do socialismo em liberdade. Historicamente, era uma situação semelhante à que viveu Lênin, na Rússia, à frente de uma revolução comunista que deveria ter ocorrido nos Estados Unidos, na Alemanha ou na Inglaterra, com seus enormes proletariados e seus poderosos sindicatos. Lênin teve que fazê-lo a partir do atraso. Em lugar do socialismo previsto por Marx, que superaria o capitalismo mais avançado, Lênin e Stalin tiveram que fazer do socialismo um esforço de promover o desenvolvimento industrial autônomo que o capitalismo não alcançara na Rússia. Um descaminho que fez da Rússia uma poderosa economia e uma grande potência, mas desencadeou o despotismo interno e a opressão de seu contexto externo. Acabou afundando pela inépcia espantosa de Gorbachev.

O caso do Chile era semelhante. O socialismo em liberdade, que se podia esperar da união de partidos socialistas e comunistas na Itália e na França, onde eram majoritários, acontecia no Chile atrasado, subdesenvolvido. Tanto o socialismo soviético como o chileno derrotam as classes dominantes, pela revolução na Rússia e pela eleição democrática no Chile. Mas era fazer das tripas coração construir o socialismo em condições tão adversas.

Nas conversas com Allende, propunha que não se pedisse ao Congresso a nacionalização das minas de cobre, que era a aspiração maior dos chilenos. Propunha que, antes disso, se crias-se uma legalidade democrática da transição ao socialismo.

Seus assessores chilenos foram contrários a essa ideia. O resultado não foi bom. A direita votou com a esquerda pela nacionalização, fortalecendo-se. Eu propunha também que pusesse em causa o instituto da propriedade, seus conteúdos sociais e nacionais. Venceu a tese de Buscovich, que achava indispensável nacionalizar o cobre e dispensável mexer na institucionalidade, porque o Chile já contava com leis tão avançadas que permitiriam o trânsito pacífico ao socialismo.

O Chile tinha Cuba como único aliado externo confiável. Esse mesmo aliado era muito incômodo, porque criava animosidades acirradas, e também incômoda foi a longa presença de Fidel no país, alentando as esquerdas radicais.

Duas estratégias se puseram à frente de Allende. Cubanizar o processo chileno, radicalizando ainda mais sua política, ou conter-se no caminho do socialismo em liberdade, que lhe tinha permitido até ganhar eleições depois de assumir o governo, coisa nunca vista no Chile.

A classe dominante chilena e seus corpos políticos, apoiados pela ditadura brasileira e pelo governo norte-americano, não só conspiravam, mas atuavam concretamente, criando situações críticas. Apesar disso, Allende continuou tendo forte apoio popular por três anos.

Mas a subversão ia ganhando força. Chegou afinal a um estágio em que era preciso alargar as bases políticas do governo. Buscovich dizia: "A economia deu tudo o que podia dar. Cabe agora à ação política abrir caminhos".

As esquerdas radicais entraram a conspirar, querendo elas próprias dar o golpe para cubanizar o processo chileno.

Nesse quadro, eu fui procurado em Santiago por um dos mais altos intelectuais políticos da América Latina, o peruano Carlos Delgado. Ele me trazia um convite do presidente Velasco Alvarado para "ajudar a pensar a revolução peruana".

Nada podia ser mais tentador para mim que observar e conviver com militares que haviam trocado de pele e realizavam uma profunda revolução social no Peru. Tinham feito a reforma agrária mais profunda de que se tem notícia, garantindo a posse das terras, depois de séculos de esbulho, às populações incaicas da montanha peruana. Haviam tomado e reorganizado a imprensa, destinando cada jornal, rádio e televisão a uma corrente corporativa, como os camponeses, os operários fabris etc. Estavam reordenando a propriedade para garantir a participação dos trabalhadores nos lucros das empresas, enquanto acionistas delas e muita coisa mais.

Aceitei logo transferir-me para o Peru, para ajudar no que passei a chamar, por brincadeira, de "socialismo cibernético".

Eu conhecia bem o Peru porque fizera lá um ambicioso estudo de integração da rede universitária nacional num só sistema, publicado em livro. Minha tarefa agora era criar, sob o patrocínio das Nações Unidas, debaixo da direção da Organização Internacional do Trabalho, um instituto de estudos científicos das formas de participação social na propriedade e na gestão das empresas.

◆

Sair do Chile me dava pena. Allende me pedia que ficasse, mas concordava comigo em que não se abria ao Brasil nenhuma perspectiva de alcançar o socialismo por via eleitoral. Era pensável, entretanto, um nasserismo, em que os militares deixassem de ser o braço armado de classes dominantes retrógradas para passar ao papel de renovadores de sua sociedade.

Já estava de partida para o Peru, quando Allende me localizou na casa de Aloísio Pimenta e me chamou para jantar outra vez com ele e sua equipe ministerial.

Ao fim do jantar, na conversa que se animou entre todos, Allende me perguntou se a situação seria melhor se, em vez de ter adotado a linha de Buscovich, ele tivesse adotado a minha.

Gelei. O que responder? Disse então que haviam se passado anos e agora, concretamente, se podiam ver os efeitos da política de Buscovich. Mas não se conheciam os efeitos de minhas propostas, que só surgiriam se elas tivessem sido postas à prova concretamente dentro da História para revelar suas potencialidades e suas deficiências. Concordamos todos que a economia tinha dado o que podia à Revolução Chilena. Cabia agora à política entrar em cena para equilibrar o quadro.

Ocorre, porém, que só os comunistas concordavam em dar um passo atrás na política. Toda a esquerda radical só queria um passo à frente.

Isso aconteceu três meses antes do golpe militar que derrubou Allende. Conversando sobre essa possibilidade, o presidente me disse que, na eventualidade de um levante, ele chamaria o povo às ruas e o manteria ali pelo menos por 24 horas.

Depois disso, me disse: "Só os comunistas continuarão na rua".

Simultaneamente à mobilização popular, Allende disse que necessitaria do apoio de alguma força do Exército e da força total dos carabineiros, um corpo policial bem armado e eficiente. O golpe militar foi dado precisamente aí, com o assalto das Forças Armadas aos carabineiros e sua anulação, ao mesmo tempo que atacaram os palácios e encurralaram Allende em La Moneda.

Nessa conversa última, Allende reiterou para mim sua afirmação de que a ele não derrubariam no berro, como fizeram com Jango, e concluiu: "Só sairei de La Moneda coberto de balas".

Assim foi, e eu teria morrido com Allende se estivesse em Santiago.

peru

Fui para o Peru via Genebra, porque tive que visitar antes a sede da Organização Internacional do Trabalho para detalhar o Centro de Estudos da Participação Popular – CENTRO – que íamos implantar em Lima.

Por recomendação da OIT fiz duas longas viagens preparatórias. Fui à Iugoslávia para estudar as formas novas de propriedade social da indústria que estavam sendo implantadas ali. Passei depois pela Espanha, para conhecer o cooperativismo dos bascos. Belas viagens de estudo, agradáveis e proveitosas. Aprendi muito.

Com base em minha experiência prévia naquelas observações de campo e com a ajuda de Oscar Varsavsky, o matemático argentino que inventou a simulação computacional, programamos o CENTRO.

O plano básico era pôr todo o povo peruano dentro de um computador, com base nos dados estatísticos com que se contava e nas avaliações qualitativas que fizéssemos. Lá estaria a população inteira, com sua distribuição por sexo, idade, níveis educacionais, de consumo, de saúde, bem como sua distribuição espacial e temporal. Quer dizer, como a população evoluíra nos últimos vinte anos.

Teríamos assim um Peru conceitual, virtual, que nos permitiria fazer quaisquer projeções sobre a imagem futura de sua população e, principalmente, um exercício que nunca se fizera antes. Era compor um Peru desejável, para que ele tivesse, no ano 2000, os índices sociais da Argentina de 1950, por exemplo.

Uma vez construído o símile, passaríamos a projetar as linhas de ação que no prazo intermédio permitissem à sociedade peruana chegar até lá. Seria o "socialismo cibernético", de desejabilidade incontestável. Não se fundava em nenhuma ideologia, mas num jogo de números dentro do computador.

Fiz em três anos tudo o que alcancei fazer para atingir nossa meta. Ingênuo que sou, me perguntava todo o tempo por que os peruanos não me davam os dados censitários indispensáveis ao projeto nem acesso aos computadores do Ministério do Planejamento. Só muito depois descobri que, para eles, era demais aceitar de um estrangeiro uma fórmula para sua revolução.

Apesar desses embaraços, trabalhamos muito no CENTRO. Principalmente assessorando o cooperativismo peruano, que assim se instalava nas grandes fazendas nacionalizadas, como as de produção de açúcar, e aglomerando as propriedades rurais médias para modernizá-las e fazê-las mais produtivas. Colaboramos também nos projetos de regulamentação da propriedade social e da participação dos trabalhadores no núcleo das empresas urbanas. Contávamos para isso com uma equipe competente, com uma biblioteca e com um serviço editorial, providos pela OIT.

Percebi outra posição antagônica falando com o general Leônidas Rodríguez, autoridade superior do SINAMOS, órgão de condução ideológica da revolução peruana. Eu dizia a ele tão somente que o verdadeiro povo peruano era o povo incaico do altiplano, com sua língua e costumes próprios, que tinha sobrevivido a quinhentos anos de opressão e não seria erradicado nunca. Dizia ainda que Lima era uma praça de ocupação espanhola que continuava exercendo o triste papel de opressão europeizadora sobre os remanescentes da civilização incaica.

Era demais para ele. Calou-se e levantou-se, interrompendo o diálogo.

Soube depois por seu auxiliar mais qualificado, meu grande amigo Carlos Delgado, juntamente com Pancho Guerra e Carlos Franco, que eu forçava portas trancadas. Efetivamente, para mim a revolução peruana se justificava principalmente como o primeiro gesto de restauração do incário, a grande civilização sul-americana, o que é pouco assimilável para a maioria da intelectualidade peruana. Os cientistas sociais acham que seu caminho é uma modernização que force os índios a deixar da mania de ser índios para compor, com os peruanos europeizados, uma espécie de Uruguai do altiplano. Os próprios linguistas acham que não há uma língua quéchua, mas vários dialetos inassimiláveis uns aos outros.

Eu argumentava que em toda parte um dialeto se sobrepusera aos outros para ser a língua nacional. Foi difícil até conseguir que publicassem um dicionário geral do quéchua. Tinham também a maior má vontade contra o Instituto Linguístico de Verão, que deixavam trabalhar estudando as línguas dos povos silvícolas, mas criavam obstáculos para ajudar os índios do altiplano a ler e escrever em quéchua moderno.

Nesse ambiente de apreensões saí de férias. Berta, já separada de mim, lembrou-se de que também ela tinha direito a férias na Europa pagas pela OIT, porque são garantidas a toda a família do contratados. Já em Portugal vi que o que pretendia era nossa reconciliação.

Nos hospedamos no hotel de que mais gosto em Lisboa, o Yorkhouse, que simula, na rua das Janelas Verdes, em Coimbra, uma pousada britânica. Até fechava as cortinas às cinco da tarde, criando ambiente para o chá ou o uísque.

Viajei dali para Coimbra com Márcio Moreira Alves, para fazer uma conferência na universidade.

Ao fim de quatro horas de falação sobre a Universidade de Brasília e de respostas a numerosas perguntas, fomos a um jantar lusitano, coroado com o Porto do meu ano de nascimento.

Peguei depois o trem para a cidade de Porto, onde ia dar outra conferência na universidade. De madrugada acordei mal, fui ao banheiro e tive uma copiosa hemoptise. Alarmei-me. Chamei o reitor, que me hospitalizou imediatamente.

De manhã, tiraram radiografias. Vi de tarde, na cara trêmula do reitor, que era câncer. Ele negou, mas marcou uma consulta para mim com o principal cancerologista de Lisboa. Dois dias depois estava, às sete horas da manhã, no consultório dele, onde fui anestesiado para que tirasse o material para a biópsia. Lá permaneci algumas horas, ao fim das quais o doutor me disse: "Não é câncer. Trata-se de uma tuberculose antiga que voltou".

Duvidei. No dia seguinte, Márcio me levou para Paris. Lá, com o apoio de Luís Hildebrando, do Instituto Pasteur, e do Partido Comunista, consegui internar-me no principal hospital de câncer pulmonar da Europa: Creteuil. O exame que fizeram ao vivo, arrancando *morceaux* de meus brônquios até encher uma meia taça, me doeu muito.

Era câncer mesmo, me disseram numa sexta-feira, marcando a operação para segunda, me dando dois dias para brincar.

Preferi me operar no Brasil.

terceiro exílio

Meu terceiro exílio foi o do retorno ao Peru, depois de operado e salvo do câncer pulmonar. Tudo estava mudado. O presidente Velasco Alvarado, enfermo, irrecuperável de um aneurisma, já não governava. O grupo do SINAMOS perdera poder e prestígio. Saíra do governo o próprio general Leônidas, eminência da revolução peruana, e com ele seus assessores mais capazes – Carlos Delgado, Francisco Guerra, Carlos Franco e inclusive o meu diretor nacional, Olinto Ugarte.

O meu Centro de Estudos da Participação Social estava com um novo diretor nacional, um sociólogo negro complexado, que seria até simpático se não tivesse sido posto ali para liquidá-lo. O governo peruano havia dado instruções às organizações internacionais, especificamente à OIT, de que não pretendia manter funcionando o meu centro. Só me cabia facilitar a tarefa, encerrando os contratos com o pessoal internacional e fechando a casa que criara sem que ela cumprisse minimamente seus fins. Uma tristeza.

A revirada no Peru é ainda cercada de mistério. Tratava-se não de um golpe, mas de uma contrarrevolução – uma liquidação fria do que o general Velasco Alvarado fizera de revolucionário. A hipótese que levantei e em que ainda acredito é a de que o Peru mudava de posição às vésperas do centenário da guerra com o Chile, em que perdera grande parte do seu território. Militares profissionais, não políticos, denunciavam o governo como propenso a isolar-se. Só podiam ter como aliados Cuba e a URSS. Indesejáveis ambos, enquanto o novo Chile de Pinochet contava com todo o apoio militar que desejasse. Acabava, assim, a revolução social dos milicos nasseristas e um novo comando militar reatava o Peru ao atraso, por razões milicas.

Para mim representou o total desastre de um dos projetos mais ambiciosos que elaborei, minha revolução cibernética não ideológica, filha dos computadores e da matemática, da simulação numérica.

Se mesmo com Velasco Alvarado ela não pudera ser articulada para se pôr em ação, não havia nenhuma possibilidade de que florescesse nas novas condições. Eu, que já era um estrangeiro inventador de modas metido a ideólogo da revolução peruana, passei a ser *persona non grata*.

Expulso do Brasil pela ditadura militar, mal podia ficar no pouso único que tinha no mundo, que era o peruano.

A pressão militar para minha saída do Brasil acabou ficando irresistível após seis meses de convalescença. Argumentavam que, para manter minha segurança com os quatro policiais que me guardavam, gastavam o preço da segurança de um embaixador estrangeiro. Isso não podia mais ser admitido.

Acabaram convencendo meu advogado, que me aconselhou a sair, dizendo que o temor da segurança do governo era que eu fosse vítima dos terroristas do próprio governo, que não admitiam minha presença no Brasil.

Que fazer? Saí novamente para o desterro. Melhor, agora, porque levava no bolso um passaporte brasileiro atualizado e porque negociei o direito de voltar a cada três meses para revisões médicas.

Balançando na corda bamba entre o Brasil, que largava uma ponta dela, e o Peru, que queria soltar a outra, assumi a tarefa de liquidação do centro que criara. Doeu muito, como se fora um suicídio, mas era um assassinato, de que a vítima era eu.

Enquanto durou meu contrato, trabalhei mais fora do Peru do que lá mesmo. Fui diversas vezes ao México, ajudando a pensar uma faculdade de educação e de comunicação dentro da UNAM e uma universidade do Terceiro Mundo, encomendada pelo presidente Luis Echeverría. Estive também várias vezes na Costa Rica, onde projetei a Universidade Nacional, que lá está como filha minha, longínqua e querida.

Visitei outras vezes a Argélia, em que Oscar Niemeyer trabalhava na arquitetura das novas universidades, onde queriam minha ajuda. Elaborei um Plano Geral de Reestruturação da Universidade de Argel, de modelo propositadamente não francês.

Tive ali uma das discussões mais difíceis da minha vida, contra-argumentando com Benaya, ministro da Ciência e do Ensino Superior e homem-chave da segurança da revolução argelina.

Eu dizia que a universidade tinha, necessariamente, que criar um departamento de árabe clássico – língua e literatura – e outro de letras árabes modernas, em que se trabalha o árabe que se fala hoje na Argélia e em outros países. Isso representaria uma revolução equivalente à expulsão do latim no mundo acadêmico europeu, com o que se perdia um extraordinário instrumento de comunicação erudita, mas se dava fala e letras às línguas faladas, o alemão, o inglês, o francês, o italiano. Insistia que essa revolução cultural teria que ser feita no mundo árabe, admitindo que o árabe clássico era uma língua morta, para ser cultivada em meios acadêmicos, mas as ciências e as carreiras profissionais teriam que ser ensinadas no árabe que se falava, o qual ganharia, assim, entidade cultural, deixando de ser uma fala para ser uma língua.

Benaya dizia que não. O árabe para ele era um só e tinha que ser ensinado em sua alta forma clássica. Insisti, chegando a dizer que o próprio presidente da República não falava o árabe clássico, nem o ministro da Educação o dominava, porque vi pessoas os elogiarem pela elegância com que leram discursos em árabe

clássico. Todos na Argélia falavam francês. A língua do coloniza-
dor continuava presente e imperial e assim continuaria enquanto o árabe vulgar que se falava não ganhasse categoria de língua
culta. Benaya me venceu ao final de dias de debate com um só
argumento: "Os judeus de Israel falam hebraico".

Bons tempos aqueles, em que eu rolava mundo reformando
e criando universidades e travando debates como os da Argélia.
Dificílimos para mim, porque tinha que falar através de um in-
térprete. Felizmente, esse era Heron de Alencar, um dos homens
mais competentes deste mundo naqueles tempos.

Ainda estava no Peru quando apareceu lá meu amigo Glauber
Rocha, que sempre me visitava aos meus exílios.

Conversamos longamente sobre tudo, mas principalmente
sobre um filme que ele queria fazer focalizando Jango e outro
sobre o regime peruano. Obrigou-me a falar detalhadamente de
tudo.

O efeito foi desastroso. Voltando ao Brasil, Glauber disse:
"Os gênios da raça são Golbery e Darcy".

Para espanto das esquerdas ele estava tentando peruanizar a
ditadura brasileira.

Recordo-me agora de outro feito de Glauber, quando ele
marcou um encontro comigo em Montevidéu, em 1972.

Disse a ele uma noite que ia encontrar com o general
Seregni, candidato à Presidência da República, na casa do reitor

da universidade, com um grupo de políticos uruguaios. Íamos conversar sobre a América Latina.

Glauber agarrou-se a mim, insistindo que queria ir também: "Nunca vi uma coisa assim".

Louco que sou, o levei. No meio da reunião Glauber, que estava sentado em uma poltrona uns metros afastado, tirou um baseado do bolso e pitou tranquilamente. O cheiro da maconha invadiu a sala e eu me perguntava se aqueles senhores sabiam o que era. Ninguém disse nada e Glauber pitou seu cigarrinho até o fim e apagou a bagana num vaso de flores.

Muitas outras lembranças tenho do meu querido Glauber, em diversas cidades. A mais comovente foi em seu apartamento, em Ipanema, no Rio.

Fui chamado por sua mulher, dizendo que ele passava mal. Encontrei Glauber pelado, chorando convulsivamente.

Ele me abraçou dizendo que ninguém tinha fé nele, que estava sozinho naquela cidade. Eu lhe disse que ele era muito querido e respeitado, que eu poria ali, imediatamente, qualquer intelectual que ele quisesse ver.

Aí Glauber passou a chorar mais fortemente ainda, dizendo aos arrancos: "As crianças, Darcy. Tanta criança".

A imagem que me vinha era daquele santo que carregara no ombro Jesus menino para atravessar um rio e Ele pesava mais que o mundo. Glauber pôde expressar tão fortemente nós, brasileiros, em seus filmes inigualáveis, porque ele encarnava todo o povo brasileiro em seus séculos de sofrimento e dor.

Eu estava no Rio quando Glauber foi morrer lá. Fiz sua oração fúnebre no cemitério São João Batista, rodeado dos melhores intelectuais e artistas que temos. Só disse: "[...] Ele era o melhor de nós".

Era verdade. Se perdêssemos todos os presentes ali, perderíamos menos que com a perda de Glauber. Fomos almoçar na casa de Maria Clara champanhe com siri-mole, recordando Glauber.

Então, eu já estava morando no Rio, minha cidade eletiva, amando meus amores.

meu amigo jango

Glauber, meu irmão:

Você me pede que escreva sobre um tema tão amplo e complicado que nem com todos os meus livros consegui ou tentei abarcá-lo. Pede, nada menos, que eu entre na alma do Jango para interpretar sues desígnios passados e futuros, para avaliar suas convicções e para captar sua visão do mundo. Imagine se alguém pedisse a um amigo que desse de você, Glauber, um retrato diagnóstico desta natureza. Ou imagine simplesmente que você se propusesse traçar seu próprio perfil, com aquelas ambições. Não acha que seria impossível?

O máximo que se pode alcançar neste plano de prospecções biográficas são visões – mais ou menos informadas – de como as pessoas atuam em certas circunstâncias.

Quanto ao Jango, a primeira observação seria a de uma aparente dualidade entre o que ele é, pela vida que se construiu de fazendeiro-invernista bem-sucedido e rico, e seu desempenho de político reformista. Mas a simples suposição dessa dualidade traz implícita a ideia de que as personalidades são entidades inteiriças e coerentes, o que é muito duvidoso. Mais verdadeira é talvez a observação de que os homens atuam na vida social, e particularmente na arena política, muito mais de acordo com as circunstâncias que se apresentam – as conjunturas, como se diz – do que com o ideário que acaso tenham. Todos nós estamos permanentemente nos representando a nós mesmos, representando para plateias indiferentes ou coniventes, que tanto nos coagem com suas expectativas que interiorizamos como se projetam em nós.

É obvio que há lugar para gruas maiores ou menos de autenticidade nessas representações. O homem comum se constrói com as projeções externas interiorizadas, mas o faz de forma tão genuína que chega a convencer-se de que são suas todas as suas crenças. Um cínico gostaria de construir-se seletiva e racionalmente, escolhendo aqueles traços cuja exibição fosse mais vantajosa em cada situação. Mas nem mesmo o homem comum, ingênuo, escapa totalmente de si próprio, convertendo-se num reflexo mimético das expectativas alheias, porque a própria singularidade de sua experiência existencial acaba por tipificá-lo. Nem escapa o cínico, que tratando de intencionalizar sua imagem aos olhos dos outros acaba por ver-se, a si próprio, com a visão alheia, como se ele realmente fosse o que pretende parecer.

Para que tanta confusão? O que quero dizer é tão somente que um homem não exprime, no poder, a sua ideologia pessoal, mas a conjuntura política com que ascendeu. É claro que deve haver certa compatibilidade entre o papel representado e a personalidade que o encarna. Mas, via de regra, as personalidades são suficientemente flexíveis para se acomodarem aos papéis que ordinariamente são chamadas a viver.

Isso não se aplica, talvez, a Fidel, que teve de encontrar em si um estilo que correspondesse ao papel que ele inaugurara de um novo tipo de líder. Mas, ainda no caso de Fidel, de certo modo se aplica, no sentido de que vive e expressa a ideologia que a revolução cubana lhe dita, e não suas idiossincrasias. Se a revolução cubana se tivesse frustrado, por algum motivo, e Fidel sobrevivesse à derrota, ele seria, na conjuntura que se teria cristalizado, um produto dela, tão diferente do que ele é – ou parece ser agora – quanto difere, por exemplo, de Rafael Rodriguez ou de Khrushchev, ou de Jango. Nenhum homem poderia ser reduzido a outro, bem sabemos – e aqui reside a singularidade que cada um de nós pode reivindicar –, mas cada um poderia haver sido muitos outros.

Outra vez a confusão quando quero falar de coisas simples. Em essência, que Jango foi, no poder, o que ele ou outro poderia ser numa conjuntura que lhe ditava, com detalhes, o papel que teria de representar. Para que você me compreenda, darei um exemplo. Em 1962, JK me pediu que fizesse para ele um plano de governo com vistas à campanha eleitoral de 1965, dizendo que escolhia a mim por minhas ideias e que desejava o plano mais avançado de reformas estruturais, a começar por uma reforma agrária. Que significa isso? Parece compatível com o JK que conhecemos – flor da politicagem profissional brasileira – a imagem de um reformador radical? Pois esse era o papel que ele se supunha chamado a representar. Isso porque, naquela conjuntura, aparentemente só uma política reformista lhe prometia o aspirado acesso ao poder. Era o mundo dos três JJJ (Jango, João XXIII e John Kennedy) que se queria passar a limpo. Parecia.

Jango, com o carro do governo sob seu comando, não só estava sujeito às mesmas expectativas e pressões como talvez também estivesse mais capacitado a atendê-las, apesar de suas ideias e até de seus interesses pessoais e classistas. É certo que duvidou muito em encarnar o papel, mesmo porque, no caso dele, não se tratava de fazer discursos reformistas que granjeassem mais votos, mas sim de manter-se e consolidar-se no poder que já exercia, recuperando as atribuições que o golpe parlamentarista lhe havia usurpado. Lembro-me que estava ao seu lado quando, depois da maior vitória eleitoral jamais alcançada no Brasil – 10 milhões de votos contra um milhão, no plebiscito –, ele insistia em dividir com o PSD o poder que o povo lhe outorgara, dizendo: "Esta coroa eu não ponho na minha cabeça." Atrás dessa frase, o que havia era o temor de comandar a execução das reformas de base com os olhos nas quais o povo votou contra o parlamentarismo. Em outros casos, como por exemplo a regulamentação da Lei referente ao capital estrangeiro, ele tardou um ano em decidir--se a implementá-la; o projeto de Reforma Agrária só chegou a ser efetivamente formulado no dia 15 de março de 1964, na Mensagem Presidencial daquele ano.

É possível imaginar que outro líder tivesse andado mais rapidamente e comandado melhor suas próprias forças. Mas esse tipo de raciocínio não leva a nada. O que a história nos colocou foi aquela conjuntura concreta, com as oportunidades de romper a velha ordenação social que ela ensejava e também com as limitações que impunha. Se olharmos não para os atores mas sim para a conjuntura – como o fato significativo –, veremos que a política do governo de Jango, sendo encarada pelas classes dominantes como revolucionária (porque a execução da Reforma Agrária e da Lei de Remessa de Lucros parecia inevitável se Jango se mantivesse no poder), provocou a contrarrevolução, por parte dos interessados em manter a velha ordem. Sendo reformista porque visava, fundamentalmente, fazer as reformas para evitar a revolução social, não pôde fazer frente à contrarrevolução. Quando esta se desencadeou, os reformistas caíram na perplexidade e se paralisaram porque suas alternativas eram: ou bem aderir à direita através de um pacto e retroceder; ou bem avançar chamando o povo à revolução. E, nos dois casos, negar sua própria natureza de regime reformista.

Essa ambiguidade conjuntural é interpretada por muita gente como uma debilidade ou uma incapacidade de decisão de Jango. Na verdade, qualquer pessoa posta naquele papel dificilmente encontraria uma saída. Seja para voltar atrás – refazendo o pacto com a velha classe, tranquilizando os temores da classe média às reformas – porque disso resultaria um esvaziamento imediato do apoio popular no qual o governo se assentava, seja para ir adiante, impulsionando a revolução sob ameaça de um golpe militar anticomunista e aceitando a responsabilidade de desencadear uma guerra civil longa e sangrenta, travada contra uma aliança militar das classes dominantes internas com o governo norte-americano e seus *marines*.

Lyndon Johnson topou a parada. Seu embaixador, dirigido pelo adido militar, o coronel Walters, conspirou, subornou quanto foi necessário para articular a contrarrevolução no plano político, ideológico e militar. A seu juízo, valia a pena arriscar um novo Vietnã no Brasil para evitar sua defecção da área de hegemonia imperialista.

Jango e uma parte da esquerda brasileira não admitiram correr esse risco. Ele porque, sendo reformista, talvez considerasse sua própria queda menos catastrófica que o desencadeamento e a condução de uma revolução social cujo caráter – supunha ele–, na reta final, seria provavelmente socialista. As esquerdas, porque nem sabiam o que estava sucedendo. Em sua imaturidade e alienação, não percebiam que alcançáramos a participação que tínhamos no poder, não por um esforço organizativo e combativo próprio, senão porque uma renúncia havia alçado à presidência um líder vinculado às massas assalariadas urbanas. Em lugar de utilizar a conjuntura eventual para nos estruturarmos como uma alternativa ao poder tradicional, entramos a nos dilacerar mutuamente. Muitos dos principais líderes, achando pouco o esquerdismo de Jango, queriam mais radicalismo. Outros estavam mais atentos ao suposto continuísmo dele que ao golpe em marcha.

Não avaliávamos, igualmente, que no Brasil se travava uma das principais batalhas do mundo, cuja vitória ou derrota seria decisiva na configuração da conjuntura internacional futura. Não nos compenetramos também de que, mais do que Jango, seríamos nós as maiores vítimas, e por isso mesmo éramos os maiores interessados em consolidar aquela conjuntura institucional favorável que a história nos havia oferecido. Não percebemos, por fim, que a vitória da contrarrevolução representaria uma era de tremendos sacrifícios para o povo e de provações terríveis para nossos próprios quadros.

Dentro desse contexto, obviamente não cabe falar de méritos ou de culpas atribuíveis a pessoas – inclusive a Jango –, mas de conjunturas socioeconômicas onde os atores apenas encarnam forças sociais e políticas mais amplas que eles. Naquela instância, a história nos ofereceu algumas chances – parcas chances, talvez – de submeter nossa institucionalidade obsoleta ao reexame e de refazê-la sob liderança – que lideranças! – fiéis aos interesses nacionais e às aspirações populares. Chances perdidas por culpas nossas. *Mea-culpa.*

Você pergunta se Jango teria um projeto para o Brasil. Eu diria que sim, porque às forças políticas nas quais ele se sustentava correspondiam aspirações que ele expressava, gostasse ou não, como pré-requisito para manter-se e consolidar-se no poder. Essas aspirações (reforma agrária, contenção da exploração estrangeira, direito de greve, liberdade sindical, expansão da educação popular etc.) tiveram naqueles anos livre curso para manifestar-se de mil modos.

A vigência dessas liberdades deu lugar a milhares de greves nas cidades, à criação de milhares de ligas camponesas e de sindicatos rurais no campo e a uma pregação político-ideológica sem paralelo em nossa história. Lamentavelmente, só serviram para atiçar o velho inimigo, sem capacidade para contê-lo e menos ainda de liquidá-lo. O resultado foi o golpe contrarrevolucionário para impedir uma revolução que não chegou a desencadear-se e a imposição de uma ditadura militar que consolidou os interesses das minorias privilegiadas (manutenção do latifúndio, submissão ao capital estrangeiro, arrocho salarial, erradicação de todo pensamento libertário etc.). Às milhares de greves do período anterior correspondem três a cinco greves nos dez anos seguintes. À proliferação de ligas e sindicatos no campo se seguiram o silêncio e o pavor, instalados em cada família camponesa. À agitação política irredentista (e às vezes irreverente e contraproducente) se seguiram o despotismo e a escalada opressiva num enfrentamento inverossímil entre forças superarmadas e seus únicos contendores, que foram os microgrupos insurgentes. Do nosso ponto de vista, essas armas apontavam contra a história. De fato, elas apenas repunham no poder a velha ordem e a velha classe vetustamente históricas.

O silêncio que se seguiu não significa que os operários, os camponeses e os quadros políticos foram ganhos pela ditadura militar. Significa tão somente que, na conjuntura que se criou, não têm meios de se expressar e que estão sendo comprimidos como uma mola pronta a saltar amanhã.

Mas saltar como? Muitos pensaram que a guerrilha poderia ser o acionador do processo, funcionando como uma via rápida de ativação política e de conquista do poder. A experiência dos últimos anos veio demonstrar que isso não ocorreu em parte alguma. Elas não correspondem pois à estratégia de que necessitamos, embora tenham representado a única forma de contestação contra os regimes despóticos e de desmascaramento de suas tendências mais sinistras. Como tal, pôde dar muitos heróis, mas não foi uma prática eficaz dentro da história.

Tudo isso significa que Jango não foi o protagonista, nem a vítima. O ator e o mártir foi o povo, que perdeu uma rara oportunidade de libertação no seu esforço secular para romper com a rede constritora que o fez crescer deformado. Os derrotados fomos todos nós, como uma esquerda que não estava à altura do desafio histórico que enfrentava e que ainda hoje não o está porque continua dividida, perplexa, incapaz de formular um projeto de revolução que, infundindo confiança, nos permita operar no futuro como vanguarda de uma massa real e existente que é, afinal, quem fará a revolução necessária.

Você me pediu um perfil de Jango e eu saí com esta conversa longa e complicada. Para não frustrá-lo totalmente, tentarei agora traçar a imagem que tenho dele.

Entre os políticos que conheci, ele se destaca por uma combinação rara de modéstia pessoal que lhe dá um ar de singeleza rústica e de ambição de liderança popular e gosto pelo exercício do poder. O resultado dessas qualidades poderia dar um Gomez venezuelano, se se exagera a rusticidade; ou um Cárdenas, se se exacerba a modéstia e a autenticidade. Na dose da fórmula de Jango, resulta uma personalidade de perfil oposto ao gosto jusceliniano pela pompa e à tendência histriônica de Jânio.

Bem sei que isso diz pouco, mas é difícil precisar mais. Talvez tentando outros contrastes se aclare o quadro. Comparando com os quadros da esquerda mais intelectualizada, ressaltam em Jango, por um lado, o profundo conhecimento prático da vida política brasileira e da máquina administrativa federal e seu realismo no trato com as correntes políticas conservadoras. E, por outro lado, a sua facilidade de comunicação com gente simples, o que lhe permite, seja no convívio diário, seja numa conversa em grupo, ganhar de imediato a simpatia de todos. Ele obtém esse efeito não prometendo ou perorando, mas conversando simplesmente e fazendo sentir sua predisposição natural de identificar-se com a visão e as aspirações populares numa linguagem que é acessível a qualquer pessoa.

Não sei que imagem se terá, no futuro, de meu amigo Jango. Aventuro-me, porém, a predizer que será mais generosa do que esta que se difundiu depois do golpe. Afinal, seu governo não caiu por seus defeitos. Foi derrubado por suas qualidades.

Suponho que, ainda agora, depois de tantas páginas, tenha dado muito pouco do que você pede e necessita. Pensando no filme-painel sobre o Brasil, me esforço por imaginar alguma coisa que seja útil e comunicável. Não sei. Acho, porém, que este filme é muito importante, Glauber. O que você fez até agora como cineasta assegura uma audiência internacional maciça, à qual você pode dizer coisas significativas sobre o que nós somos como povo, que nos ajudem a realizar nossas potencialidades. Confio em que você fará isso muito bem, arrancando outra vez do peito a imagem que quer transmitir: verdadeira, lúcida e motivadora. Gostaria muito de conversar sobre o filme e sobretudo de vê-lo durante a montagem para dar meus palpites de brasileiro que, como você, se esforça para entender o Brasil e expressá-lo.

Numa carta não poderia mais. Desculpe-me e me queira bem.

Santiago, 31 de maio de 1972.

um discurso no senado

Excelentíssimo Senhor Senador José Sarney, Presidente do Senado da República.

Meu querido amigo Leonel Brizola, que quisera ver como Presidente da República, porque só nele vejo a vontade e a coragem de passar o Brasil a limpo, a favor de seu povo e da dignidade da Nação.

Queridos companheiros, velhos amigos, Miro Teixeira e Almino Affonso.

Senhoras, Senhores.

O Hino Nacional me dá ânsia de choro. Não sentia isso antes. Por que agora? Será porque nos anos de exílio não o ouvia? As fraquezas da idade e da doença? Decerto me afetam mais do que deviam. O Hino Nacional devia dar é ter vontade de pegar uma espada e sair pronto para brigar. Em vez disso, ponho-me a chorar.

Queridos companheiros, nos reunimos aqui para falar do Jango, do Presidente João Goulart, com quem tive um longo e intenso convívio, um convívio sempre muito grato. O Jango era bom de conviver. Lembro o que me vem agora à memória, idos de há vinte anos. Jango uma vez me disse que só chegaria ao Brasil morto. Assim foi. Fui a São Borja para ver meu amigo Jango morto. Ele fora proibido de entrar vivo na sua pátria querida. Era o esquife dele que nos vinha.

Tentei ficar perto para falar, para estar lá. Mas havia muitas pessoas do Brasil inteiro, sobretudo do Rio Grande, querendo pôr a mão no caixão para tocar aquele homem extraordinário que se ia.

Tive que me afastar para deixar que essas pessoas o saudassem, se despedissem de Jango. Afastei-me. Sentei-me num túmulo de mármore branco que parecia o sepulcro de uma família italiana, com estilo comum. Fiquei sentado algum tempo sobre o túmulo até que me assustei quando vi que era o túmulo de Getúlio Vargas. O retrato e o nome dele estavam lá. Fiquei muito emocionado: esse é o túmulo de Getúlio?

Emocionei-me mais ao perceber, hoje, que aqueles dois homens, plantados ali a cinquenta metros um do outro, foram alguns dos maiores brasileiros de todos os tempos. Eles são, ambos, expressão da tradição gaúcha mais profunda – a das regiões missioneiras, tão sofrida, em que centenas de milhares de índios foram assassinados ou vendidos para o nordeste como escravos.

A partir daquela população missioneira se difundiram algumas das características distintas do gaúcho. Características que marcaram Jango e Getúlio, como sua capacidade de convívio, ainda que assimétrico, com as classes subordinadas, de tomar chimarrão juntos, de conviver conversando, de disputas sem domínio dos cavalos.

Getúlio e Jango mantiveram essa capacidade extraordinária de falar com operários, com lavradores. Mineiros e paulistas que eu conheço tão bem não têm esses talentos de uma intimidade assimétrica. Intimidade com o povo, que ressalta o lado humano. Não digo que eles se confundissem com o povo. Conviviam como um companheiro maior, o irmão mais velho que ali estava. Creio que essa seja uma das mais bonitas heranças gaúchas.

Jango se fez sucessor de Getúlio por méritos dele e por uma familiaridade gauchesca. Jango nasceu muito rico, engordava vinte mil cabeças de gado por ano quando assumiu a Presidência. Podia continuar na sua vida bem-sucedida, mas o convívio com Getúlio o foi chamando para outras e maiores tarefas. Sua tarefa passou a ser o Brasil, o trabalhismo, o povo trabalhador.

Jango, no convívio diário com seu vizinho, que era o velho Getúlio, o acompanhando na campanha eleitoral, e, mais tarde, ao lado de Getúlio eleito Presidente da República, assim fez sua cabeça, adotando como suas as posturas de Getúlio. Logo depois da posse de Getúlio, Jango foi feito seu Ministro do Trabalho e presidente do Partido Trabalhista Brasileiro. Ou seja, Getúlio dava a Jango suas bandeiras maiores: o trabalhismo sindical e o trabalhismo político. Jango as levantou com ardor, com dignidade e com honestidade a vida inteira.

A reação da direita ao surgimento dessa nova liderança getulista foi muito grande. Sobretudo quando Jango combinou com Getúlio dobrar o salário mínimo, que desde o governo Dutra não tinha se alterado. Essa medida provocou raiva muito grande, principalmente em áreas militares. Os coronéis se irritaram, como se ofendesse a eles o fato de um operário ganhar um mais. Levantando essas bandeiras de luta, Jango moveu, por um lado, odiosidades ferozes da velhas classes dominantes e, por outro lado, o respeito da classe trabalhadora. Jango, como Getúlio, marca sua carreira política por essas duas dimensões: o amor do povo e o ódio das classes dirigentes.

Depois do Ministério, Jango continuou convivendo com Getúlio como seu sucessor principal nas questões trabalhistas. É de assinalar que ali, naquela conjuntura conflitiva, nasceram duas figuras políticas antagônicas: Golbery, que foi o autor do manifesto dos coronéis, e Jango, na posição oposta. Ambos tiveram influência profunda na história brasileira posterior.

Jango não só herdava de Getúlio suas principais bandeiras, mas desenvolvia seu ideário próprio. Desse modo, mantém e amplia as grandes tarefas que Getúlio vinha desenvolvendo desde 1930. A tarefa de disciplinar as Forças Armadas, colocá-las nos quartéis, fazê-las obedecer ao poder civil e acabar com a anarquia do período tenentista.

Outra tarefa, de importância inexcedível de Getúlio, que tem que ser avaliada para se compreender o Brasil, é a tarefa de dar ordem e ajudar a estruturar o movimento operário, de criar o trabalhismo brasileiro. O movimento operário estava sendo disputado por comunistas e por anarquistas. Muito generosos de coração, mas não tinham o que dar aos trabalhadores, senão uma revolução inverossímil. Getúlio dá ao operariado um projeto próprio para lutarem por suas próprias causas. O faz movido tanto por sua ideologia sindicalista de positivista como pressionado pelo próprio movimento operário.

Sobre essas bases, com todo o apoio popular, Getúlio enfrenta as classes dirigentes e empreende grandes saltos na história brasileira. Um desses saltos, que está agora sendo contestado criminosamente, pois é a maior invenção social brasileira, é o imposto sindical, que se chama agora contribuição sindical. Os partidos desta Casa que se opõem a isso não se opõem a que os patrões recebam contribuição sindical para manter o SESI, o SENAC e o SES (RURAL), que custeiam suas ações sociais e políticas, mas se opõem a que os operários tenham sua contribuição sindical.

Ela é, como disse, a maior invenção social brasileira, porque constitui a base do sindicalismo frondoso que cresceu aqui no Brasil. Assim é porque cada sindicato que se organiza encontra ajuda para sua implantação, uma verba tirada de todos os operários e que ninguém sente, porque representa um dia de salário no ano, divido em doze prestações. Ninguém nem nota, porque tais recursos são descontados na folha de pagamentos pelo patrão e entregue ao governo, que os repassa aos sindicatos. Essa invenção não tem similar, mas existem uns alucinados que querem acabar com ela, substituindo-a pela contribuição voluntária.

Pode ser que os sindicatos dos metalúrgicos – o que eu duvido –, que é uma aristocracia, queiram se organizar num sindicato operário com contribuição voluntária. Mas 99% dos sindicatos não se organizarão, desaparecerão. Os sindicatos, que graças a essa lei se sustentam e controlam um dos movimentos sindicais maiores do mundo, que envolve milhões de trabalhadores, serão proscritos em razão do pendor antioperário que prevalece em certos meios políticos e sindicais. Será ocasional que essas instituições sejam as que recebam as maiores contribuições financeiras do sindicalismo europeu e norte-americano, que exigem pluralidade sindical e sindicatos pagos por contribuição voluntária dos próprios operários?

Outro feito de Getúlio, de que Jango era herdeiro e nós somos herdeiros, conquista fundamental, é a unidade sindical. Ela é que dá possibilidade à classe operária de ter atuação política no quadro nacional.

Ela está também ameaçada de proscrição. O que pretendem hoje é uma nova política sindical que nos afaste de nossa matriz histórica para nos atrelar a sindicalismos estrangeiros. A proposição do PT é acabar com a unidade sindical para adotar o sistema norte-americano, de um sindicato para cada empresa. Com isso se acaba com o sindicalismo e com o movimento operário. É uma ação criminosa, tanto mais feia por ser de inspiração estrangeira. É o pluralismo sindical dos financiadores do movimento sindical no mundo, os alemães, os franceses, os norte-americanos. Adotar essa orientação em nosso país é como se jogássemos para fora o curso passado e adotássemos o passado norte-americano ou inglês. Uma alienação sem paralelo na história brasileira.

Contam-se entre as conquistas getulianas que Jango mais pregava a estabilidade no emprego, que nesses dias também vem sendo ameaçada. Com efeito, a Câmara liberou o patrão das obrigações para com os seus trabalhadores, em lugar de permanecermos na linha do pensamento japonês, que constitui um paralelismo feliz, por coincidência, de nossa concepção do trabalho. Dentro dessa concepção, uma empresa se faz com o capital, que tem que ser respeitado e lucrativo, e com os trabalhadores que a constroem – eles também, parte daquela empresa. Quando ele é posto fora não pode ser descartado, tem que ser remunerado por isso. Quebrar essa prática é permitir o absurdo de que o patrão assine a carteira de trabalho sem as obrigações que isso implica, porque converte a força de trabalho em descartável.

Jango nasce herdeiro dessas e de outras posições de Getúlio que procura levar adiante. Sobretudo, aquilo que constitui o documento mais importante do Brasil, tão importante como a Carta de Pero Vaz de Caminha, que é a Carta-Testamento de Getúlio Vargas. No momento em que a direita ia assaltar o poder, ganhar o governo, inevitavelmente, Getúlio vence, estourando o coração com uma bala. Essa era a única saída para aquele homem de 72 anos, o mais amado pelo povo e o mais odiado pela classe dirigente. Getúlio seria enxotado do Catete, perdendo o poder para os golpistas, "udenistas", "lacerdistas" e outros. Seu suicídio foi um ato de extrema sabedoria, um sacrifício heroico. Foi ele que transmutou todo o quadro político brasileiro. Permitiu que JK – esse belo Presidente que tivemos, otimista, trabalhador, ousado – assumisse o poder devido o suicídio de Getúlio.

Há mil coisas a lembrar aqui, agora. Jango, na Carta-Testamento, herda, principalmente, a percepção de que a causa principal do atraso brasileiro estava no cruzeiro dar rendimento em dólares, pelo registro como capital estrangeiro dos lucros de empréstimos obtidos aqui. Assim, esse capital passa a gerar dólares também, criando um desequilíbrio insanável na economia nacional e colocando em posição antagônica o capital nacional e o capital estrangeiro.

Outra herança que se fixou em Jango, e que eu pude ver em ação, no dia a dia, era a convicção de que a revolução brasileira, ou seja, o caminho brasileiro para a revolução social, consistia em levar adiante a Revolução de 1930, mantendo e aprofundando aquelas conquistas e a ela acrescentar Reforma Agrária. O controle do capital estrangeiro e a Reforma Agrária passaram a ser, para Jango, suas missões essenciais no governo.

O que nós vemos desencadeando-se hoje, e que eu classifico como a mais importante ação social da história brasileira, é o Movimento dos Sem-Terra, que enfrenta o poderio latifundiário, exigindo um pedacinho de terra para plantar a sua mandioca e o seu milho, para criar sua galinha e sua cabra, salvando-se, assim da penúria a que está condenado, pelo desemprego. Esse Movimento é contra quem? É contra o latifúndio. O latifúndio que, tomando as terras de metade do Brasil, mal havidas e mal usadas, se estrutura como o opositor do MST. São vinte mil grandes proprietários absenteístas contra milhões de brasileiros fugindo do desemprego, da marginalidade e da violência.

O Presidente da República acaba de dar um passo positivo nesse enfrentamento, impondo o que deveria ter ocorrido há 100 anos, que é o imposto sobre empresas com mais de 80 hectares que são improdutivas. É preciso mais, porém, que essa medida provisória proposta pela presidência que levará anos para ser colocada em execução e ser aceita pela Justiça.

Vivemos uma fase tremenda de desemprego, em que o próprio Governo privatiza empresas, estimulando a demissão de 30%, pelo menos, dos seus trabalhadores. Se amanhã tomassem a Vale do Rio Doce, 30% dos seus operários iriam embora no outro dia, demitidos. Essa hostilidade contra a força de trabalho, somada a outras medidas coercitivas, pode levar a uma situação dramática.

É sabido que nenhum povo não vai à revolução pelo aumento da miserabilidade. Pode é morrer de forme, num genocídio, como no Brasil já está morrendo. Porque a população brasileira não cresceu como era devido? Como tinha que crescer, nas últimas décadas? Em lugar dos previstos 160 milhões de brasileiros, no último censo faltaram 15 milhões. Esses 15 milhões não nasceram e viveram por quê? Por causa da fome. Nunca tivemos uma fase de tanta violência, de tanta menina de 9, 10 anos prostituída. Essas meninas não se prostituem por uma vocação, por um pendor à prostituição. Caem nela é empurradas de casa, pela falta de comida.

Nesse momento, a única oferta que há de pleno emprego para de dois a cinco milhões de brasileiros é a dos Sem-Terra. Nossa tarefa histórica, adiada há mais de um século pela legislação fundiária vigente, é distribuirmos a terra em milhões de parcelas de

20 a 30 hectares para quem queira nelas viver e produzir. Qual a alternativa que o Governo dá para empregar essa multidão de milhões de desempregados lançados à marginalidade e à violência? A única oferta que se faz, hoje, é a do Movimento dos Sem-Terra.

Poderíamos falar horas, tanto estou ligado à história de Jango e suas lutas que prosseguem em nossos dias. Deixem-me recordar o que sucedeu em 1964. Eu, Jango e seus colaboradores tínhamos a ideia de que era perfeitamente possível enfrentar o latifúndio e a direita latifundiária. O projeto de lei para isso, que eu entreguei ao Congresso Nacional, formulado na Mensagem Presidencial, fixava as medidas de uma Reforma Agrária perfeitamente factível de ser aprovado e executado. Sobreveio então a aliança da direita nativa com os agentes da intervenção norte-americana, obsessionados com a Guerra Fria, em que enfrentavam dois inimigos: a Rússia, e seus aliados lá fora, e, dentro do continente, a Revolução Cubana, que ainda hoje os leva ao desespero, e o Brasil. Seu temor era de que a fome crônica no Nordeste, e a fome geral no Brasil, levassem o País a tomar um caminho cubano.

A política do Presidente João Goulart, que era uma alternativa a essa estratégia, foi desprezada e hostilizada. Se nossa alternativa tivesse florescido, o Brasil seria outro. Se o projeto de Reforma Agrária que apresentamos ao Congresso a 15 de março tivesse sido aprovado, não haveria MST, porque se teria assentado milhões de trabalhadores em glebas familiares.

Aliada a direita brasileira com a norte-americana, o bloco de oposição então se articulou como uma subversão estrangeira, financiada pelos norte-americanos e por outras potências, subornando generais, subornando políticos. Todos sabendo dos escândalos, nesta Casa, do IBAD, da quantidade de dinheiro que foi posto na mão de Deputados e Senadores que aceitavam ser coniventes com o propósito deles, que era manter o Brasil tal qual é, porque assim era lucrativo para eles, indiferentes à sorte do povo.

Jango alcançou grandes feitos. Eu vi crescerem como projetos conjuntos de parlamentares patriotas e do governo, para instituir o Estatuto do Trabalhador Rural, criar a ELETROBRAS, que agora querem destruir. Recorde-se que a ELETROBRAS foi criada por Jango com um mecanismo legítimo para aumentar as taxas de eletricidade, a fim de que o excedente fosse aplicado em construção de novas hidrelétricas. E construímos. Duplicamos, triplicamos, decuplicamos a oferta de energia para o consumo e para a produção. Agora se quer leiloar esse instrumento. As empresas que se assenhorarem da ELETROBRAS pela privatização vão continuar a expandir a rede energética? Não. Elas não querem fazer nenhuma hidrelétrica. Esse será encargo do governo. Mas eu pergunto: de onde vai tirar recursos, se a fonte deles estará fechada?

O Décimo Terceiro Salário é também fruto da cooperação conjunta da esquerda parlamentar com o governo. Mais importante ainda foi a lei de controle do capital estrangeiro, aprovada na Câmara e no Senado, e que Jango regulamentou com a assessoria de Carvalho Pinto. Essas são medidas impensáveis hoje, nessa onda de neoliberalismo que nos afoga.

Quero encerrar minha fala dizendo que a Jango devemos uma conquista ainda maior e mais bonita a meus olhos. Refiro-me ao ambiente de liberdade e de criatividade cultural que se implantou durante seu governo. É nesse espaço que surge o movimento cultural mais vigoroso que vivemos, e que se estendeu até 1968. Falo da música da Bossa Nova, do Cinema Novo, das Canções de Protesto, do Teatro de Opinião que se difundiram pelo País, levados pelos artistas e pela juventude, que se ganha para si mesma e para o Brasil. Isso é o que nos falta hoje. Quem vai ganhar essa juventude que a ditadura castrou e que aí está, desbundada? Isso me preocupa profundamente.

Havia então formas de concatenar a ação dos jovens para que eles fossem orgulhosos de ser brasileiros, para que se mobilizassem nas lutas dos deserdados de sua própria geração. Naquele quadro, até 1968, jovens estavam à frente das lutas sociais. A ditadura decidiu reprimi-los a ferro e fogo, mas milhares deles prosseguiram, oferecendo corações e seus fígados às balas, morrendo dezenas, assassinados e torturados.

A dureza dessa brutalidade ditatorial e a beleza do movimento cultural que ela jugulou contrastam fortemente em nossa história. Não se pode esquecer é que devemos a Jango, a seu caráter conciliatório e persuasório, incapaz de violência, e a seu apreço pela cultura aqueles anos gloriosos. Acho até que Jango deveria ter tido um tom maior de violência contra a reação, porque não há crime maior do que perder um poder fiel ao povo. Mas não era essa, porém, sua natureza. Ele era incapaz de contribuir de qualquer forma para com a guerra fratricida em que poderiam morrer milhões de brasileiros.

Estamos aqui, hoje, para saudar esse homem extraordinário, para recordar que o grande Presidente João Goulart não foi derrubado por seus defeitos, mas por suas qualidades, por sua predisposição de passar o Brasil a limpo a favor da felicidade do povo e da dignidade da Nação. Jango foi derrubado quando maior era o apoio que tinha do povo brasileiro.

O que se diz ainda hoje sobre o governo de João Goulart é a versão do vencedor. Versão que precisamos contestar com os fatos, que retratam o governo de João Goulart como o mais avançado que o Brasil conheceu e aquele que compôs seus ministérios com os mais ilustres brasileiros, como San Thiago Dantas, Hermes Lima, Celso Furtado e dezenas de outros.

Mais do que isso, Jango transfigurou o Partido Trabalhista Brasileiro, trazendo para seus quadros o melhor das esquerdas e do sindicalismo brasileiro. O ideal de Jango era criar no Brasil um partido equivalente ao Partido Trabalhista inglês, impondo transformações radicais à nossa sociedade através da persuasão e da Lei. Era assim também que o PTB era visto na arena política brasileira, onde chega a ser majoritário no Parlamento, tanto pelos deputados e senadores que elegeu, como pelos parlamentares de outras filiações que passaram a lhe dar apoio, entre eles o atual Presidente do Senado Federal, Senador José Sarney, e diversos outros deputados que integravam a Frente Parlamentar Nacionalista.

O Presidente João Goulart é deposto quando já constituía o grande eleitor brasileiro, aquele que faria, seguramente, o novo presidente da República a se eleger um ano depois.

Um dos meus orgulhos é o de ter sido Chefe da Casa Civil do Presidente João Goulart.

trinta anos depois daquele primeiro de abril

Brasil de 64 – 94.

O Brasil vinha se construindo, confiante como nunca em sua capacidade de transformar-se para superar o atraso e acabar com a pobreza, quando sobreveio o golpe militar de abril de 1964. O que se queria era alargar os quadros sociais, para que mais brasileiros tivessem empregos em que progredissem por seu esforço, para que todos comessem todos os dias, para que cada criança tivesse oportunidade de completar seu curso primário. Vale dizer, aquilo que é progresso e modernidade para nações civilizadas. Tudo, dentro da democracia e da lei.

Dada a estreiteza da nossa estrutura social e dos dois estrangulamentos básicos a que ela está submetida, aquelas miúdas ambições só podiam alcançar-se mediante algumas reformas básicas na institucionalidade. Primeiro, uma reforma que quebrando o monopólio latifundiário permitisse dar a dez milhões de famílias glebas de vinte hectares, para fixá-las no campo, garantindo-lhes um mínimo de prosperidade, mas também para impedir que se vissem compelidas a engrossar as massas marginais das cidades. Para tanto, seria suficiente acabar com o supremo abuso do despotismo fundiário, que se funda no direito de ter e manter a terra improdutiva por força do direito de propriedade.

O segundo requisito era compelir o capital estrangeiro aqui fixado a atuar solidariamente com o capital nacional, abrindo mão do privilégio abusivo de produzir dólares com capitais captados no Brasil. Assegurar-se-ia às empresas estrangeiras o direito de retorno do seu capital e de remessa de lucros de até 10% ao ano, mas estes incidiriam sobre o capital que trouxeram de fora, não sobre o capital que ganharam aqui, que teria o mesmo tratamento dos capitais nacionais.

Essas duas ordens de reformas de base estavam não só formuladas criteriosamente, mas em marcha para a concretização. O Congresso Nacional já aprovara a Lei de Remessa de Lucros das empresas estrangeiras que acabara de ser regulamentada em Decreto Presidencial. A Reforma Agrária estava também em marcha, com a mobilização do Parlamento para introduzir na Constituição o princípio do uso lícito da terra pelas grandes empresas rurais. Este equivaleria quatro vezes a parcela efetivamente utilizada, revertendo-se para a União, como fundo de colonização, todo o restante.

O golpe militar teve como finalidade, basicamente, impedir estas duas reformas. Para isto é que mobilizou aos latifundiários, em razão dos seus interesses, e aos políticos da UDN e do PSD, que vinham minguando ano a ano, e viam como inevitável a vitória do PTB nas próximas eleições. Essas forças por si mesmas não eram capazes de subverter a ordem e tomar o poder. Para tanto, tiveram que apelar parar uma terceira força, representada pelos grupos de interesse dos capitais estrangeiros. Apelaram, então, para a intervenção dos norte-americanos como guardiões do capitalismo no mundo. Foram eles que efetivamente desencadearam o golpe, mobilizando para isto a velha parcela conspirativa, de pendor udenista, das forças armadas, useira e vezeira do golpismo, e articulando as ações golpistas com os governadores do Rio, de Minas e de São Paulo.

A CIA, encarregada da tarefa de desmonte do governo constitucional do Brasil, recebeu para isso dezenas de milhões de dólares competentemente utilizados na mobilização de toda a mídia para uma campanha sistemática de incompatibilização da opinião pública contra o governo, seguida da promoção de grandes marchas pseudorreligiosas de defesa da democracia e das liberdades. Ambas tiveram profunda repercussão nas classes médias, sempre susceptíveis de manipulação, mas não afetaram o apoio popular ao governo reformista.

Simultaneamente, organizaram uma associação, o IBAD, especificamente destinada a subornar parlamentares, que custeou a eleição de duas centenas deles. Ao mesmo tempo, infiltrou agentes provocadores nas forças armadas, como o cabo Anselmo, treinados para atos de insubordinação, destinados a sensibilizar a oficialidade, como se fossem atentados o governo à hierarquia militar. Criou-se, assim, o ambiente propício à eclosão do golpe militar.

O inconveniente maior de conspirar com os norte-americanos é que, passados vinte anos, eles abrem seus arquivos e contam tudo. Assim sucedeu com a documentação referente à intervenção do governo de Lindon Johnson. Uma vez divulgado, ele permitiu ver como o golpe foi urdido na embaixada norte-americana, orientada para isto, Washington, e desencadeado com forte contingente armado, postado no Porto de Vitória, com instruções de marchar sobre Belo Horizonte. Isso significa que a direita brasileira e seus aliados externos estavam dispostos a desencadear uma guerra cível sangrenta, com risco de dividir o Brasil como sucedeu no Vietnã. Isto é o que ocorreria se o governo tivesse resistido.

O golpe foi todo um êxito, proclamado como a maior vitória do Ocidente contra o comunismo, maior que o desarmamento nuclear de Cuba, maior que a queda do muro de Berlim, disse orgulhoso o embaixador Gordon.

Passados trinta anos, podemos avaliar historicamente o que representou para o Brasil o golpe e os governos militares que ele implantou. Começaram derrogando a Constituição, avassalando o Poder Legislativo e o Judiciário, anulando os direitos civis e impondo a censura mais rigorosa à imprensa. Prosseguiram, demolindo as conquistas trabalhistas, como o direito de greve, a estabilidade no emprego.

Enquanto isso, perseguiram centenas de milhares de brasileiros presos, demitidos, cassados, exilados, torturados e assassinados, submetendo a cidadania ao terrorismo de estado e condenando o Brasil à luta armada, como única forma possível de contestação política.

Na área econômica a obsessão privatista dos ministros neoliberais da ditadura enriqueceu nababescamente os ricos, que viram duplicar sua participação na renda nacional, e empobreceu, na mesma proporção, os pobres. Desencadeou uma inflação galopante, que liquidou a moeda nacional, e dolarizou a economia. Impôs a insanidade da correção monetária, que retirando as poupanças das aplicações produtivas para a especulação financeira deflacionou a economia, derrubando nossos índices seculares de crescimento do PIB.

Simultaneamente, elevou nossa dívida externa, de três bilhões de dólares em 1964, para mais de cento e cinquenta bilhões. Reduziu o salário mínimo à metade e, mais ainda, o salário do funcionalismo. Empobreceu o estado a tal nível que o tornou incapaz de manter, mesmo seus precaríssimos serviços de educação, de saúde e de assistência social. Em consequência, condenou os trabalhadores ao desemprego crônico e às suas sequelas: a fome, o abandono de menores e a prostituição infantil.

No plano intelectual, a ditadura julgou a criatividade cultural dos brasileiros nas Artes, no Cinema e nas Letras, que vinham experimentando uma quadra de crescimento. No plano da cidadania, lançou grande parcela da juventude ao desbunde e à apatia política. Tornou impossível o surgimento de uma geração de estadistas identificada com o povo e com a Nação, abrindo espaço para negocistas e corruptos, que avassalaram gravemente até a cúpula dos Três Poderes da República. A ditadura caiu afinal, quando os próprios militares, que permaneciam na caserna, rebelaram-se contra o governo exercido em seu nome. Isto ocorre quando os oficiais, vexados com o repúdio da população de que eram objeto, deixaram de usar seus uniformes nas ruas.

Estamos ainda sob os efeitos nefastos desta ditadura, cuja erradicação é a principal tarefa política dos brasileiros. Tarefa enormemente dificultada pela conivência dos políticos e dos negocistas, solidários com a ordem privatista instituída pela ditadura, dispostos a jogar todo seu poderio econômico no suborno do eleitorado das eleições de outubro próximo, com o objetivo de perpetuar seus privilégios.

bibliografia

Guerra suja, Ribeiro, Darcy. *Confissões*. São Paulo: Companhia das Letras, 2002, p. 331-337.

Politicando, Ribeiro, Darcy. *Testemunho*. Rio de Janeiro: Editora Apicuri e Brasília, Editora Universidade de Brasília, 2009, p. 115-117.

A mensagem das reformas, Ribeiro, Darcy. *Confissões*. São Paulo: Companhia das Letras, 2002, p. 338-344.

Reformas de base, Ribeiro, Darcy. *Testemunho*. Rio de Janeiro: Editora Apicuri e Brasília, Editora Universidade de Brasília, 2009, p. 117-119.

A crise. O golpe. A queda, Ribeiro, Darcy. *Confissões*. São Paulo: Companhia das Letras, 2002, p. 345-358.

Exílio, Ribeiro, Darcy. *Testemunho*. Rio de Janeiro: Editora Apicuri e Brasília, Editora Universidade de Brasília, 2009, p. 119-122.

Uruguai, Ribeiro, Darcy. *Confissões*. São Paulo: Companhia das Letras, 2002, p. 361-373.

Prisão, Ribeiro, Darcy. *Confissões*. São Paulo: Companhia das Letras, 2002, p. 374-376.

Prisão de soldado, Ribeiro, Darcy. *Confissões*. São Paulo: Companhia das Letras, 2002, p. 376-397.

Ilha das Cobras, Ribeiro, Darcy. *Confissões*. São Paulo: Companhia das Letras, 2002, p. 397-401.

Julgamento, Ribeiro, Darcy. *Confissões*. São Paulo: Companhia das Letras, 2002, p. 402-404.

Caracas, Ribeiro, Darcy. *Confissões*. São Paulo: Companhia das Letras, 2002, p. 407-412.

Chile, Ribeiro, Darcy. *Confissões*. São Paulo: Companhia das Letras, 2002, p. 413-417.

Peru, Ribeiro, Darcy. *Confissões*. São Paulo: Companhia das Letras, 2002, p. 418-420.

Terceiro exílio, Ribeiro, Darcy. *Confissões*. São Paulo: Companhia das Letras, 2002, p. 443-450.

Meu amigo Jango. Carta que Darcy escreveu para Glauber Rocha, traçando o perfil de Jango; Ribeiro, Darcy. *Sobre o óbvio*. Rio de Janeiro: Editora Guanabara, 1986, p. 193-201.

Um discurso no Senado. Discurso em que Darcy, já Senador, e muitos anos depois (05.12.1996), em pleno governo de Fernando Henrique Cardoso, traça o perfil de Jango.

Trinta anos depois daquele primeiro de abril. Artigo publicado no jornal *O Estado de São Paulo* em 31.03.1994.

CTP · Impressão · Acabamento
Com arquivos fornecidos pelo Editor

EDITORA e GRÁFICA
VIDA & CONSCIÊNCIA

R. Agostinho Gomes, 2312 • Ipiranga • SP
Fone/fax: (11) 3577-3200 / 3577-3201
e-mail:grafica@vidaeconsciencia.com.br
site: www.vidaeconsciencia.com.br